Plats du DIMANCHE

★ 100 RECETTES INRATABLES ★

100% cuisine

MANGO

SOMMAIRE

★ Pour 6 personnes ★

★ *Pour 8 personnes* ★

★ ENTRÉES ★

Salade de lardons au balsamique

★ P. 22

Piments doux farcis au chèvre et au lard

★ P. 30

Pâté de canard

★ P. 92

Salade de quinoa et framboises, brebis et bresaola

★ P. 148

Empanadas au caviar d'aubergine, olives et basilic

★ P. 156

Belles bruschettas à la caponata

★ P. 192

★ VIANDES ★

Blanquette de veau

★ P. 58

Poulet rôti au thym

★ P. 76

Rôti de bœuf farci au foie gras et aux noix

★ P. 84

Gigot de 7 heures
★ P. 136

Marmite de paleron à la bière
★ P. 210

Boulettes de bœuf à la semoule
★ P. 212

★ POISSONS ★

Coquetiers de poisson

★ P. 44

Saumon aux pousses d'épinards

★ P. 52

Rougail de poulpe

★ P.114

TARTES
et gratins

Brandade de morue croustillante

★ P. 32

Frittata aux fleurs de courgettes et ricotta

★ P. 166

Tartiflette de fête à l'huile de truffe

★ P. 200

POUR 4 PERSONNES

BOUCHÉES *de cœurs de palmier*

POUR 4 PERSONNES
PRÉPARATION : 15 MIN
CUISSON : 5 MIN

400 g de cœurs de palmier en bocal ou en conserve
20 tranches de magret de canard fumé avec la graisse
80 g de cerneaux de noix
1 cuillerée à café de piment d'Espelette
3 cuillerées à soupe d'huile d'olive

1. Mixez les cerneaux de noix de façon à obtenir une chapelure légèrement fine.
2. Préchauffez le four à 200 °C (th. 6-7).
3. Dans une assiette, mélangez la chapelure de noix avec le piment d'Espelette.
4. Égouttez les cœurs de palmier dans une passoire et rincez-les sous un filet d'eau fraîche. Coupez-les en 20 tronçons de 3 à 4 cm.
5. Entourez chaque tronçon d'une tranche de magret de canard. Roulez délicatement les tronçons dans la chapelure de noix au piment puis maintenez-les avec une pique en bois. Déposez-les à la verticale dans un plat allant au four et versez quelques gouttes d'huile d'olive au centre de chaque tronçon. Placez le plat au réfrigérateur.
6. Enfournez les bouchées et faites cuire 4 à 5 minutes. Dégustez aussitôt.

BOULETTES de crabe

POUR 4 PERSONNES
PRÉPARATION : 20 MIN
CUISSON : 5 MIN

200 g de chair de crabe en boîte
100 g de gruyère râpé
2 blancs d'œufs
1 cuillerée à soupe de farine
2 cuillerées à soupe d'huile d'olive
1 litre d'huile pour la friture
1 cuillerée à café rase de poivre noir moulu
Sel

1. Égouttez la chair de crabe dans une passoire et pressez-la avec le dos d'une cuillère pour extraire le maximum de jus.

2. Déposez la chair de crabe dans la cuve d'un robot. Ajoutez le gruyère râpé, la farine, le poivre moulu, 2 pincées de sel et l'huile d'olive. Faites tourner 2 minutes pour mélanger grossièrement le tout.

3. Montez les blancs d'œufs en neige bien ferme puis incorporez-les délicatement à la préparation au crabe.

4. Faites chauffer l'huile de friture dans une casserole. À l'aide de deux cuillères à dessert, formez des boulettes puis plongez-les au fur et à mesure dans l'huile bien chaude. Laissez-les cuire 4 à 5 minutes en les retournant pendant la cuisson avec une écumoire. Égouttez-les sur du papier absorbant.

5. Servez les boulettes aussitôt avec de la sauce soja sucrée ou de la sauce aigre-douce.

BRIOUATES de thon

POUR 4 PERSONNES
PRÉPARATION : 20 MIN
CUISSON : 15 MIN

1 boîte de 240 g de thon au naturel
6 feuilles de brick
3 œufs
1 blanc d'œuf
2 échalotes
3 brins de coriandre
3 cuillerées à soupe d'huile d'olive
1 litre d'huile pour la friture
Sel et poivre

Astuce
Vous pouvez cuire les briouates au four à 200 °C (th. 6-7) : badigeonnez-les de beurre fondu, enfournez et faites cuire 6 à 8 minutes.

1. Faites durcir les œufs 10 minutes dans une casserole d'eau bouillante salée. Passez-les sous l'eau froide puis écalez-les. Hachez-les finement au couteau.
2. Pelez et hachez les échalotes. Effeuillez et hachez la coriandre.
3. Égouttez le thon et émiettez-le dans un saladier. Ajoutez les œufs hachés, les échalotes, la coriandre, l'huile d'olive, du sel et du poivre. Mélangez bien le tout.
4. Coupez les feuilles de brick en deux. Déposez un peu de farce au thon à l'une des extrémités de chaque demi-feuille puis pliez en triangles successifs pour former les briouates. À l'aide d'un pinceau, soudez les bords avec un peu de blanc d'œuf.
5. Faites chauffer l'huile de friture dans une casserole. Plongez les briouates dans l'huile bien chaude et faites-les dorer 2 minutes. Égouttez-les sur du papier absorbant et dégustez aussitôt.

BROCHETTES *de polenta*

POUR 4 PERSONNES
PRÉPARATION : 20 MIN
CONGÉLATION : 45 MIN
CUISSON : 5 MIN

80 g de semoule de maïs pour polenta
4 gros abricots secs coupés en cubes
50 g de parmesan râpé
1 gousse d'ail pelée
15 cl de lait
15 cl d'eau
40 g de beurre
10 cl d'huile d'olive
Sel et poivre

1. Chemisez de film alimentaire un plat à gratin de 20 × 15 cm en laissant dépasser les bords.

2. Versez le lait et l'eau dans une casserole. Ajoutez la gousse d'ail, du sel et du poivre. Portez à ébullition puis versez la semoule en pluie en mélangeant avec une spatule. Faites cuire 5 à 7 minutes à feu moyen sans cesser de remuer jusqu'à ce que la semoule épaississe.

3. Hors du feu, ajoutez la moitié de l'huile d'olive, la moitié du beurre et les cubes d'abricots secs. Mélangez le tout puis retirez la gousse d'ail.

4. Versez la semoule aux abricots dans le plat à gratin en une couche de 1,5 cm d'épaisseur puis lissez la surface. Recouvrez le plat de film alimentaire et placez-le 45 minutes au congélateur.

5. Sortez la polenta du congélateur et démoulez-la. Coupez des rectangles de 8 × 2 cm. Enfoncez un pique en bois dans chaque rectangle.

6. Au dernier moment, faites rissoler les brochettes de polenta 5 minutes dans une poêle avec le reste d'huile et de beurre. Dégustez aussitôt.

SALADE DE LARDONS *au balsamique*

POUR 4 PERSONNES
PRÉPARATION : 20 MIN
CUISSON : 15 MIN

150 g de lardons fumés
100 g de parmesan râpé
2 petites poires
100 g de mesclun
20 cl de vinaigre balsamique
40 g de beurre
2 cuillerées à soupe d'huile de tournesol
3 cuillerées à soupe d'huile d'olive
Sel et poivre

1. Préchauffez le four à 180 °C (th. 6). Épluchez les poires, coupez-les en quartiers et ôtez le cœur. Faites-les cuire dans une poêle avec 20 g de beurre 5 minutes à feu vif ; salez et poivrez. Débarrassez-les sur une assiette. Dégraissez la poêle puis versez le vinaigre balsamique. Faites-le réduire de deux tiers à feu vif. Baissez le feu, ajoutez le reste de beurre en fouettant, salez, poivrez et éteignez le feu.

2. Étalez le parmesan sur une plaque de cuisson recouverte de papier sulfurisé. Enfournez et faites cuire 6 à 8 minutes. Laissez-le refroidir puis cassez-le en morceaux.

3. Dans une poêle, saisissez les lardons avec l'huile de tournesol 5 minutes à feu vif. Égouttez-les sur du papier absorbant.

4. Réchauffez la sauce balsamique puis remettez les poires cuites dans la poêle.

5. Assaisonnez la salade avec l'huile d'olive, du sel et du poivre ; répartissez-la sur les assiettes. Déposez les quartiers de poire et les lardons sur la salade puis nappez de sauce balsamique. Parsemez de chips croustillantes de parmesan et servez aussitôt.

RILLETTES DE SARDINES *aux câpres*

POUR 4 PERSONNES
PRÉPARATION : 10 MIN

1 boîte de conserve de sardines à l'huile d'olive (120 g environ)
½ citron
1 oignon blanc frais
Quelques feuilles de basilic
2 cuillerées à soupe de câpres

★★★

Astuce
Servez ces rillettes avec du pain de campagne toasté.

1. Pressez le demi-citron. Égouttez les sardines. Éliminez les extrémités de l'oignon, puis coupez-le en très petits dés.
2. Lavez et effeuillez le basilic. Coupez les feuilles en fines lanières.
3. Mettez tous les ingrédients dans un bol et écrasez-les à la fourchette pour bien les mélanger.

TOMATES CŒUR-DE-BŒUF *farcies façon BLT*

POUR 4 PERSONNES
PRÉPARATION : 15 MIN
REPOS : 15 MIN
CUISSON : 5 MIN

8 tomates cœur-de-bœuf de Crimée
8 tranches fines de bacon
½ laitue
½ bouquet de menthe
Sel

Sauce :
12 cl de sauce soja
15 g de mayonnaise
5 ml de jus de citron vert
5 ml d'huile de sésame

1. Coupez la partie supérieure des tomates et conservez les « chapeaux ». Videz l'intérieur des tomates, puis salez-les. Retournez-les sur une grille et laissez-les s'égoutter pendant 15 minutes.

2. Dans une poêle chaude sans matière grasse, faites dorer les tranches de bacon sur chaque face. Laissez-les ensuite refroidir sur du papier absorbant.

3. Détachez les feuilles de la laitue et lavez-les. Émincez les feuilles sur environ 1 cm de largeur. Lavez la menthe, séchez-la et effeuillez-la.

4. Dans un récipient, émulsionnez à l'aide d'un fouet tous les ingrédients de la sauce. Mettez de côté.

5. Remplissez les tomates de laitue, de menthe et de bacon. Arrosez-les de sauce et recouvrez-les avec leurs chapeaux. Dégustez froid.

GALETTES DE BOULGOUR
au chorizo

POUR 4 PERSONNES
PRÉPARATION : 20 MIN
CUISSON : 10 MIN + 5 MIN PAR FOURNÉE

120 g de boulgour grosse graine
120 g de fromage blanc
120 g de chorizo (doux ou piquant)
1 cuillerée à café rase de piment d'Espelette
1 œuf entier + 2 jaunes
1 grosse cuillerée à soupe de farine
3 cuillerées à soupe d'huile
Sel et poivre

1. Faites cuire le boulgour dans une casserole d'eau bouillante salée pendant 10 minutes (gardez-le légèrement croquant). Égouttez-le dans une passoire et rafraîchissez-le sous un filet d'eau froide.

2. Ôtez la peau du chorizo ; coupez-le en petits cubes.

3. Dans un saladier, battez l'œuf entier avec les jaunes et le fromage blanc. Ajoutez la farine, le piment d'Espelette, du sel et du poivre. Mélangez le tout puis incorporez le boulgour et le chorizo.

4. Dans une poêle, faites chauffer l'huile à feu moyen. Déposez des petits tas de préparation au boulgour de la taille d'une noix, aplatissez-les légèrement et faites cuire 3 minutes. Retournez les galettes et laissez cuire 2 minutes. Recommencez l'opération jusqu'à l'épuisement de la préparation. Dégustez les galettes tièdes ou froides.

PIMENTS DOUX
farcis au chèvre et au lard

POUR 4 PERSONNES
PRÉPARATION : 15 MIN
CUISSON : 15 MIN

12 piments doux des Landes
100 g de fromage de chèvre frais (type Petit Billy®)
6 tranches de lard fumé
1 cuillerée à soupe d'huile d'olive

★★★

Astuce
Vous pouvez remplacer les piments doux par des poivrons ramiro, longs et doux également.

1. Préchauffez le four à 180 °C (th. 6). Taillez les piments en deux dans le sens de la longueur. Retirez les graines et les membranes blanches à l'intérieur. Coupez les tranches de lard en deux.
2. Garnissez les moitiés de piment de fromage de chèvre, puis enveloppez chacune d'elle d'une demi-tranche de lard.
3. Déposez les piments farcis dans un plat allant au four légèrement huilé, puis enfournez pour 15 minutes de cuisson. Dégustez chaud.

BRANDADE DE MORUE *croustillante*

POUR 4 PERSONNES
PRÉPARATION : 30 MIN
CUISSON : 50 MIN

600 g de morue dessalée
600 g de pommes de terre
3 brins de coriandre hachés
120 g de chapelure
20 cl de lait
80 g de beurre
10 cl d'huile d'olive
Sel et poivre

1. Épluchez et lavez les pommes de terre puis coupez-les en morceaux. Faites-les cuire 20 minutes dans une casserole d'eau salée.

2. Pendant ce temps, faites pocher la morue 8 à 10 minutes dans une casserole d'eau frémissante non salée. Égouttez-la et laissez-la refroidir. Préchauffez le four à 200 °c (th. 6-7).

3. Égouttez les pommes de terre et passez-les au presse-purée. Faites chauffer le lait et versez-le par-dessus. Ajoutez la coriandre et 50 g de beurre coupé en dés. Mélangez.

4. Émiettez la morue et faites-la chauffer dans une casserole à feu moyen en remuant vivement avec une spatule. Versez l'huile d'olive petit à petit toujours en remuant.

5. Mélangez la morue à la purée. Déposez cette préparation dans un plat à gratin et lissez la surface. Saupoudrez généreusement de chapelure et éparpillez le reste de beurre en petits dés.

6. Enfournez et faites gratiner 15 à 20 minutes : la chapelure doit être croustillante. Servez avec une salade de roquette assaisonnée au vinaigre balsamique.

GRATIN D'ŒUFS, *tomates aux oignons*

POUR 4 PERSONNES
PRÉPARATION : 35 MIN
CUISSON : 10 À 15 MIN

8 œufs
2 cuillerées à soupe de concentré de tomates
2 gros oignons
100 g de gruyère râpé
15 cl de vin blanc
25 cl de crème liquide
40 g de beurre
Sel et poivre

1. Faites cuire les œufs 10 minutes dans une casserole d'eau bouillante salée. Plongez-les dans un récipient d'eau froide. Égouttez-les et écalez-les.

2. Préchauffez le four à 210 °c (th. 7).

3. Pelez et émincez les oignons. Faites-les fondre dans une casserole avec le beurre 8 à 10 minutes à feu moyen. Ajoutez le concentré de tomates et faites cuire 1 minute en remuant avec une spatule. Versez le vin blanc et continuez la cuisson 5 minutes à feu moyen. Ajoutez la crème liquide, du sel et du poivre. Mélangez le tout et laissez réduire 6 à 8 minutes à feu vif pour obtenir une sauce légèrement épaisse.

4. Coupez les œufs en deux. Versez la moitié de la sauce aux oignons dans le fond d'un plat allant au four puis déposez les demi-œufs, côté jaune sur le dessus. Recouvrez avec le reste de sauce et parsemez généreusement la surface de gruyère râpé.

5. Enfournez et faites gratiner 10 à 15 minutes. Servez bien chaud.

QUICHE AUX HARICOTS, *oignon et lard grillé*

POUR 4 PERSONNES
PRÉPARATION : 20 MIN
CUISSON : 35 À 40 MIN

200 g de haricots verts en boîte
1 oignon
6 tranches de lard
1 pâte brisée prête à l'emploi
1 œuf entier + 1 jaune
40 g de gruyère râpé
10 cl de lait
15 cl de crème liquide
40 g de beurre
Sel et poivre
Beurre pour le moule

1. Préchauffez le four à 180 °C (th. 6). Foncez un moule à tarte beurré avec la pâte brisée. Placez le fond de tarte au congélateur le temps de la préparation.

2. Égouttez les haricots dans une passoire et rincez-les sous l'eau froide ; coupez-les en petits tronçons. Coupez le lard en morceaux.

3. Pelez et émincez l'oignon. Faites-le fondre dans une poêle avec le beurre 6 à 8 minutes à feu moyen. Déposez les morceaux de lard et faites-les rissoler 2 minutes à feu vif. Ajoutez les haricots verts, du sel et du poivre. Mélangez le tout et laissez refroidir.

4. Battez l'œuf entier et le jaune dans un saladier. Ajoutez la crème liquide, le lait, du sel et du poivre.

5. Répartissez la garniture aux haricots verts sur le fond de tarte. Versez la préparation crémeuse dessus puis parsemez la surface de gruyère.

6. Enfournez et faites cuire 35 à 40 minutes. Laissez tiédir la quiche avant de déguster.

TARTE FINE FEUILLETÉE *aux sardines*

POUR 4 PERSONNES
PRÉPARATION : 20 MIN
CUISSON : 15 À 20 MIN

2 boîtes de 4 sardines à l'huile
250 g de pâte feuilletée (prête à l'emploi)
2 poivrons rouges
1 poivron vert
1 oignon
1 cuillerée à soupe d'origan séché
2 cuillerées à soupe d'huile d'olive
Sel et poivre

1. Préchauffez le four à 180 °c (th. 6). Dans une poêle, faites fondre avec l'huile d'olive, l'oignon émincé et les poivrons coupés en fines lanières 10 minutes à feu moyen.
2. Égouttez les sardines. Levez délicatement les filets et retirez les arêtes.
3. Déroulez la pâte et déposez-la sur une plaque de cuisson tapissée de papier sulfurisé. Recouvrez de lanières de poivrons puis ajoutez les filets de sardine par-dessus. Parsemez le tout d'origan.
4. Enfournez la tarte fine et faites cuire 15 à 20 minutes. Dégustez-la aussitôt accompagnée de poivrons grillés marinés ou d'une salade verte.

QUICHE *montagnarde*

POUR 4 PERSONNES
PRÉPARATION : 10 MIN
CUISSON : 40 MIN

1 rouleau de pâte brisée (prête à l'emploi)
4 tranches de fromage à raclette
4 tranches de viande des Grisons
4 œufs
4 cuillerées à soupe de crème fraîche épaisse
8 petits cornichons
Sel et poivre

1. Préchauffez le four à 210 °C (th. 7). Étalez la pâte dans un moule à tarte en la laissant sur le papier qui a servi à l'emballer. Piquez le fond avec une fourchette.

2. Coupez les cornichons en petites rondelles. Retirez la croûte du fromage à raclette et coupez-le en petits dés. Coupez la viande des Grisons en fines lanières. Cassez les œufs dans un saladier. Ajoutez la crème, du sel et du poivre et mélangez.

3. Disposez le fromage, les cornichons et la viande des Grisons sur le fond de tarte. Versez le mélange à la crème dessus.

4. Enfournez pour 30 à 40 minutes de cuisson, jusqu'à ce que la quiche soit bien dorée.

BAR AU CITRON CONFIT *et au fenouil*

POUR 4 PERSONNES
PRÉPARATION : 40 MIN
CUISSON : 25 À 30 MIN

1 bar entier écaillé et vidé (1 kg environ)
2 carottes
1 bulbe de fenouil
2 citrons confits
½ botte de persil plat
Huile d'olive
Sel et poivre

1. Préchauffez le four à 210 °C (th. 7). Émincez le fenouil. Pelez et coupez les carottes en rondelles. Coupez les citrons confits en rondelles. Ciselez le persil.
2. Arrosez d'un filet d'huile le fond d'un plat allant au four. Répartissez le fenouil, les carottes et la moitié du persil dans le plat.
3. Placez quelques rondelles de citron dans l'abdomen du bar. Déposez-le dans le plat. À l'aide d'un couteau pointu, incisez la peau du poisson de chaque côté afin que le jus de cuisson parfume la chair. Arrosez-le d'un filet d'huile d'olive. Salez et poivrez généreusement. Parsemez de persil et ajoutez le reste de citron confit.
4. Enfournez et faites cuire 25 à 30 minutes en arrosant le poisson avec son jus plusieurs fois en cours de cuisson.
5. Dégustez le bar avec une sauce au champagne et un riz blanc.

COQUETIERS de poisson

POUR 4 PERSONNES
PRÉPARATION : 30 MIN
CUISSON : 10 MIN
RÉFRIGÉRATION : 1 H

250 g de filets de poisson blanc (type merlan ou cabillaud)
4 œufs
40 g de crackers
2 grosses échalotes
2 brins de persil plat
½ petit piment rouge doux
Quelques gouttes de Tabasco®
2 grosses cuillerées à soupe de mayonnaise
1 cuillerée à café de ketchup
Sel et poivre

1. Faites durcir les œufs 10 minutes dans une casserole d'eau bouillante salée. Passez-les sous l'eau froide puis écalez-les.

2. Faites pocher le poisson dans une casserole d'eau frémissante salée pendant 5 minutes. Égouttez-le et laissez-le refroidir.

3. Ôtez les graines du piment et hachez-le. Pelez et hachez les échalotes. Lavez et hachez le persil. Réduisez les crackers en poudre grossière.

4. Émiettez le poisson dans un saladier en veillant à retirer toutes les arêtes.

5. Hachez les œufs durs puis mélangez-les au poisson. Ajoutez les échalotes, le piment, le persil, la poudre de crackers, la mayonnaise, le ketchup, le Tabasco®, du sel et du poivre. Mélangez bien le tout de façon homogène.

6. Répartissez la préparation au poisson dans des coquetiers ou des mini-ramequins (ou des coquilles d'œufs vides lavées). Placez-les 1 heure au réfrigérateur avant de déguster.

COTRIADE

POUR 4 PERSONNES
PRÉPARATION : 40 MIN
CUISSON : 1 H ENVIRON

400 g de colin
2 grosses sardines vidées et grattées
2 maquereaux moyens vidés et grattés
1 daurade grise vidée et grattée
800 g de pommes de terre
1 poireau
2 oignons jaunes
2 gousses d'ail
1 bouquet garni
2 cuillerées à soupe de persil, de cerfeuil et de ciboulette hachés
4 tranches de pain rassis
100 g de beurre
Sel et poivre

Astuce
Vous pouvez utiliser toutes sortes de poissons ainsi que divers coquillages et crustacés. Gardez les têtes, car elles donnent du goût au bouillon.

1. Lavez le poireau et coupez-le en rondelles. Épluchez les pommes de terre et coupez-les en deux. Pelez et émincez les oignons et l'ail.

2. Dans une grande cocotte, faites revenir les oignons et l'ail dans le beurre 5 minutes à feu moyen. Ajoutez le poireau, couvrez et faites cuire 10 minutes à feu doux. Ajoutez les pommes de terre et mélangez. Ajoutez l'eau jusqu'à hauteur. Salez et poivrez. Ajoutez les fines herbes et le bouquet garni. Augmentez le feu, couvrez et faites cuire 20 minutes.

3. Placez les poissons sur les pommes de terre (ils doivent être recouverts de jus) et continuez la cuisson pendant 20 à 25 minutes.

4. Égouttez les poissons. Ôtez les têtes, enlevez les arêtes et coupez-les en tronçons.

5. Pour servir, déposez 1 tranche de pain rassis dans chaque assiette creuse. Arrosez de bouillon. Répartissez le poisson et les légumes.

RÔTI DE CABILLAUD *au jambon*

POUR 4 PERSONNES
PRÉPARATION : 35 MIN
CUISSON : 15 MIN

4 pavés de cabillaud de 180 g pièce
4 tranches fines de jambon de Parme
2 cuillerées à soupe d'huile d'olive

Accompagnement :
1 courgette
1 aubergine
1 poivron jaune
1 grappe de tomates cerise
1 gousse d'ail
3 cuillerées à soupe d'huile d'olive
Sel et poivre

1. Lavez les légumes. Coupez les extrémités de la courgette et de l'aubergine. Ôtez le pédoncule du poivron, épépinez-le et retirez les membranes blanches. Réservez les tomates cerise et coupez tous les légumes en petits dés. Pelez la gousse d'ail, puis écrasez-la avec le plat de la lame d'un couteau.

2. Faites chauffer l'huile dans une poêle, puis ajoutez le poivron. Salez et faites-le revenir 2 minutes à feu moyen. Ajoutez les dés d'aubergine et de courgette et l'ail. Assaisonnez et laissez cuire 10 minutes à couvert, en remuant de temps en temps.

3. Préchauffez le four à 200 °C (th. 6-7). Enroulez les tranches de jambon autour des pavés de cabillaud et ficelez le tout. Dans une poêle, faites chauffer l'huile d'olive et faites dorer les pavés de cabillaud sur toutes les faces. Enfournez-les ensuite pour 4 à 5 minutes de cuisson, selon leur épaisseur.

4. Coupez en quatre les tomates cerise et ajoutez-les à la poêlée de légumes. Prolongez la cuisson de 2 minutes. Sortez les rôtis de cabillaud du four et dégustez-les chauds avec les légumes.

LOTTE BARDÉE DE LARD *aux tomates confites*

POUR 4 PERSONNES
PRÉPARATION : 30 MIN
CUISSON : 30 MIN

1 queue de lotte de 900 g environ (ou 2 queues)
12 tranches de lard
8 tomates séchées marinées à l'huile
3 oignons
1 bouquet de basilic
10 cl de vin blanc sec
2 cuillerées à soupe d'huile d'olive
Sel et poivre

Sauce :
1 bouquet de cerfeuil
6 brins de ciboulette
100 g de crème fraîche épaisse
Set et poivre

1. Rincez et essuyez la lotte puis coupez-la en 2 tronçons. Sur 1 tronçon de lotte, déposez les feuilles de basilic et les tomates égouttées. Salez et poivrez. Recouvrez avec le second tronçon de lotte. Enveloppez de tranches de lard puis ficelez le tout comme un rôti.

2. Pelez et émincez les oignons. Faites-les revenir 3 minutes dans une cocotte avec l'huile d'olive à feu moyen. Posez le rôti de lotte dans la cocotte et saisissez-le 3 minutes de chaque côté à feu vif.

3. Versez le vin blanc dans la cocotte. Couvrez et faites cuire 25 minutes à feu moyen. Déposez ensuite le rôti de lotte sur un plat et maintenez-le au chaud sous un papier d'aluminium.

4. Préparez la sauce : rincez et ciselez les fines herbes. Ajoutez-les dans le jus de cuisson de la cocotte avec la crème fraîche. Faites cuire 2 minutes à feu doux. Salez et poivrez. Servez aussitôt le rôti de lotte accompagné de sauce.

SAUMON *aux épinards*

POUR 4 PERSONNES
PRÉPARATION : 25 MIN
CUISSON : 20 MIN

800 g de filet de saumon sans arêtes
200 g de pousses d'épinards
1 citron jaune non traité
150 g de ricotta
2 cuillerées à soupe d'huile d'olive
Sel et poivre

1. Préchauffez le four à 220 °C (th. 7-8). Lavez et essorez les pousses d'épinards. Prélevez les zestes du citron à l'aide d'une râpe fine et mélangez-les à la ricotta. Salez et poivrez.

2. Coupez le filet de saumon en deux dans l'épaisseur. Étalez la ricotta sur un morceau de saumon, côté chair. Déposez les pousses d'épinards sur la ricotta et posez le second morceau de saumon par-dessus, côté peau vers l'extérieur. Ficelez le tout comme un rôti.

3. Faites chauffer l'huile d'olive dans une poêle, puis faites dorer le rôti de saumon 2 minutes sur chaque face à feu vif. Mettez-le dans un plat allant au four et enfournez-le pour 20 minutes de cuisson. Dégustez chaud.

MAGRET DE CANARD *à l'abricot*

POUR 4 PERSONNES
PRÉPARATION : 15 MIN
CUISSON : 35 À 40 MIN

2 magrets de canard
3 gros abricots dénoyautés
1 brin de romarin
50 g de moutarde à l'ancienne
30 g de miel
Sel et poivre

★★★

Astuce
Remplacez les abricots par des prunes rouges ou des pêches.

1. Préchauffez le four à 220 °C (th. 7-8). Coupez les abricots en quatre.
2. Si nécessaire, retirez les nerfs qui se trouvent en surface des magrets de canard et éliminez la graisse qui déborde de la chair tout autour. Incisez ensuite la graisse restante en quadrillage, sans couper la chair.
3. Placez un magret de canard sur un plan de travail, côté graisse vers le bas. Déposez ensuite les abricots et le brin de romarin sur la viande, puis recouvrez du second magret, chair contre chair, comme un sandwich. Ficelez pour maintenir le tout comme un rôti. Salez et poivrez la viande.
4. Déposez le rôti dans une poêle chaude et faites dorer chaque face pendant 3 à 4 minutes à feu vif. Placez-le dans un plat allant au four et enfournez pour 25 à 30 minutes de cuisson. À la sortie du four, enveloppez le rôti d'une feuille de papier d'aluminium et laissez-le reposer 10 minutes.
5. Pendant ce temps, faites chauffer le miel et la moutarde à l'ancienne dans une poêle à feu doux. Découpez le rôti en tranches et dégustez-le chaud nappé de sauce au miel.

RÔTI DE PORC *aux pignons et à la roquette*

POUR 4 PERSONNES
PRÉPARATION : 20 MIN
CUISSON : 55 MIN

1 rôti de porc de 800 g
100 g de pignons de pin
40 g de roquette
3 échalotes
2 cuillerées à soupe d'huile d'olive
40 g de beurre demi-sel
Sel et poivre

Astuce

Vous pouvez aussi cuire le rôti au four à 180 °C (th. 6) pendant 1 heure.

1. Mixez la roquette avec les pignons.
2. Coupez le rôti de porc en deux dans la longueur. Répartissez la préparation mixée sur une moitié. Poivrez. Recouvrez de la seconde moitié et ficelez le tout comme un rôti.
3. Pelez et émincez les échalotes. Faites-les revenir dans une cocotte avec l'huile d'olive et le beurre 5 minutes à feu moyen.
4. Déposez le rôti dans la cocotte et saisissez-le 2 minutes de chaque côté. Salez et poivrez.
5. Couvrez et faites cuire 45 minutes à feu moyen.

PUR LIN

BLANQUETTE DE VEAU

POUR 4 PERSONNES
PRÉPARATION : 30 MIN
CUISSON : 2 H

400 g d'épaule de veau coupée en morceaux
500 g de tendron de veau coupé en morceaux
3 carottes en rondelles
250 g de champignons de Paris émincés
160 g d'oignons grelots
2 gousses d'ail
1 bouquet garni
1 cuillerée à soupe de farine
3 jaunes d'œufs
Le jus de ½ citron
2 litres de bouillon de volaille chaud
3 cuillerées à soupe d'huile d'olive
70 g de beurre
1 cuillerée à café de fleur de sel
Sel et poivre

Astuce
Ce plat s'accompagne idéalement de riz.

1. Pelez et émincez les oignons et les gousses d'ail.
2. Dans une cocotte, faites chauffer l'huile puis faites revenir les morceaux de veau avec les carottes, les oignons, l'ail et le bouquet garni 5 minutes à feu moyen. Recouvrez la viande du bouillon de volaille chaud et assaisonnez de fleur de sel. Portez à ébullition, puis baissez le feu, couvrez et laissez mijoter 1 h 30.
3. Égouttez la viande et les carottes (conservez le bouillon). Déposez-les dans une casserole et maintenez au chaud.
4. Réalisez la sauce : dans une casserole, faites fondre le beurre à feu doux. Saupoudrez de farine et mélangez avec une spatule en bois. Versez progressivement 2 louches du bouillon de la cocotte en continuant de remuer. Salez et poivrez. Ajoutez les champignons dans la sauce encore liquide et faites cuire 20 minutes.
5. Replacez les morceaux de viande et les carottes dans la cocotte. Ajoutez la sauce aux champignons. Mélangez et faites réchauffer à feu très doux.
6. Dans un bol, battez les jaunes d'œufs avec le jus de citron. Versez sur la viande, mélangez et servez.

CAILLES *aux raisins*

POUR 4 PERSONNES
PRÉPARATION : 15 MIN
CUISSON : 50 MIN

8 cailles vidées
100 g de lardons
100 g de raisins blancs
1 oignon jaune
3 branches de thym
15 cl de vin blanc liquoreux type sauternes
50 g de beurre
Sel et poivre

★★★

Astuce
Pour une recette encore plus festive, farcissez les cailles de foie gras cuit.

1. Rincez les grains de raisins et coupez-les en deux s'ils sont trop gros. Pelez et émincez l'oignon.
2. Faites fondre le beurre dans une sauteuse, à feu moyen, avec l'oignon et le thym. Déposez les cailles et faites-les dorer 3 à 4 minutes de chaque côté. Ajoutez les raisins et les lardons et faites-les revenir 5 minutes.
3. Versez le vin, salez et poivrez. Couvrez et faites cuire 35 minutes en retournant les cailles de temps en temps. Dégustez sans attendre.

CARRÉ D'AGNEAU RÔTI *aux légumes*

POUR 4 PERSONNES
PRÉPARATION : 20 MIN
CUISSON : 20 À 25 MIN
REPOS : 10 MIN

4 carrés d'agneau de 3 côtes chacun
3 gousses d'ail
2 branches de romarin
2 cuillerées à soupe d'huile d'olive
Sel et poivre

Accompagnement :
2 poivrons rouges
2 poivrons jaunes
½ botte d'oignons nouveaux
3 cuillerées à soupe d'huile d'olive
Sel et poivre

1. Préchauffez le four à 200 °C (th. 7-8). Retirez le pédoncule des poivrons avant de les couper en deux. Retirez les graines et les membranes blanches, puis taillez-les en cubes ou en lanières. Ôtez la base des oignons nouveaux et les deux tiers de la partie verte. Coupez-les en deux dans le sens de la longueur.

2. Faites chauffer l'huile d'olive dans une poêle, puis faites revenir les légumes pendant 10 à 15 minutes. Salez et poivrez.

3. Pelez les gousses d'ail et frottez les carrés d'agneau avec celles-ci. Piquez le gras des carrés avec les morceaux d'une branche de romarin. Salez et poivrez.

4. Faites chauffer l'huile d'olive dans une poêle, puis faites-y dorer les carrés d'agneau sur toutes les faces. Mettez la viande dans un plat allant au four avec les gousses d'ail et la branche de romarin restante. Enfournez pour 6 à 7 minutes de cuisson.

5. Sortez le plat du four et laissez la viande reposer pendant 10 minutes avant de la déguster bien chaude.

FILET MIGNON *aux prunes*

POUR 4 PERSONNES
REPOS : 30 MIN + 10 MIN
PRÉPARATION : 20 MIN
CUISSON : 30 MIN

2 filets mignons de porc
800 g de prunes
1 cuillerées à café de quatre-épices
40 g de beurre
3 cuillerées à soupe de miel
Sel et poivre

1. Sortez les filets mignons du réfrigérateur 30 minutes avant la cuisson. Préchauffez le four à 180 °C (th. 6).
2. Lavez et dénoyautez les prunes. Mélangez le miel avec les épices. Salez et poivrez la viande juste avant la cuisson.
3. Faites fondre la moitié du beurre dans une poêle chaude, puis faites dorer les filets mignons sur toutes les faces. Déposez-les ensuite dans un plat allant au four et disposez les prunes tout autour.
4. Parsemez la viande du beurre restant coupé en dés, puis versez un filet de miel sur l'ensemble du plat. Enfournez pour 30 minutes de cuisson, en arrosant régulièrement la viande.
5. Rectifiez l'assaisonnement des prunes si nécessaire. À la fin de la cuisson, laissez la viande reposer hors du four pendant 10 minutes sous une feuille de papier d'aluminium. Coupez-la en tranches et dégustez-la chaude avec les prunes.

FILET MIGNON
en croûte de noisettes

POUR 4 PERSONNES
PRÉPARATION : 30 MIN
REPOS : 30 MIN
CUISSON : 50 MIN

2 filets mignons de porc
50 g de noisettes
2 cuillerées à soupe d'huile d'olive
2 cuillerées à soupe de miel liquide
Sel et poivre

Accompagnement :
1 kg de panais
2 oignons
3 cuillerées à soupe d'huile d'olive
Fleur de sel
Poivre

* * *

Astuce
Vous pouvez remplacer les noisettes par des noix ou des noix de pécan.

1. Préchauffez le four à 200 °C (th. 6-7). Pelez puis coupez les panais en quatre dans le sens de la longueur. Épluchez les oignons et émincez-les.
2. Étalez les morceaux de panais et d'oignons sur une plaque de cuisson tapissée de papier sulfurisé. Saupoudrez de fleur de sel et de poivre, puis arrosez le tout d'huile d'olive. Enfournez pour 25 à 30 minutes de cuisson.
3. Sortez les filets mignons du réfrigérateur 30 minutes avant la cuisson. Décortiquez les noisettes, puis mixez-les dans un petit robot. Salez et poivrez la viande.
4. Faites chauffer l'huile d'olive dans une poêle, puis faites dorer les filets mignons sur toutes les faces en comptant environ 1 minute sur chacune.
5. Ôtez les filets mignons de la poêle. Badigeonnez-les de miel puis roulez-les dans la poudre de noisettes. Déposez la viande dans un plat allant au four et enfournez-la pour 25 minutes de cuisson. Coupez les filets mignons en tranches. Dégustez-les chauds avec les panais rôtis.

LAPIN RÔTI au miel et à la moutarde

POUR 4 PERSONNES
PRÉPARATION : 35 MIN
CUISSON : 45 MIN

1 lapin coupé en morceaux
3 cuillerées à soupe de moutarde forte
50 g de beurre
2 cuillerées à soupe de miel
Sel et poivre

Accompagnement :
¼ de chou vert
1 citron confit
1 aubergine
1 branche de tomates cerise
12 olives noires
2 brins de basilic
3 à 4 cuillerées à soupe d'huile d'olive
Sel et poivre

Astuce
Dégustez le lapin chaud accompagné des légumes.

1. Disposez les morceaux de lapin dans un plat allant au four. Versez le miel et parsemez de dés de beurre. Enfournez pour 20 minutes de cuisson. Sortez le plat du four et badigeonnez les morceaux de lapin avec la moutarde. Poursuivez la cuisson dans le four pendant 15 à 20 minutes.

2. Effeuillez le chou et prélevez les feuilles les plus claires. Retirez la nervure centrale de chaque feuille à l'aide d'un petit couteau, puis coupez-les en fines lanières. Faites cuire les feuilles de chou pendant 5 minutes dans une casserole d'eau bouillante salée. Égouttez-les et rafraîchissez-les dans un saladier d'eau glacée. Égouttez-les de nouveau.

3. Lavez l'aubergine, ôtez son pédoncule et coupez-la ensuite en rondelles. Rincez le citron confit et coupez-le en quatre. Lavez et effeuillez le basilic. Dans une poêle chaude, faites dorer les rondelles d'aubergine avec l'huile d'olive, puis mettez de côté dans une assiette. Dans la même poêle qui a servi à faire revenir les aubergines, faites dorer légèrement le chou émincé et blanchi. Ajoutez ensuite les tomates cerise égrappées, le citron confit, les olives, puis remettez les aubergines dans la poêle. Poursuivez la cuisson pendant 5 à 8 minutes. Ajoutez les feuilles de basilic. Salez et poivrez.

MAGRET DE CANARD *farci aux figues et au lard*

POUR 4 PERSONNES
PRÉPARATION : 10 MIN
CUISSON : 25 À 30 MIN

2 magrets de canard
5 longues tranches de lard
4 figues fraîches
Sel et poivre

1. Préchauffez le four à 180 °C (th. 6). Rincez les figues et coupez-les en rondelles.

2. Étalez les tranches de lard sur un magret, côté chair. Salez et poivrez. Répartissez les rondelles de figues sur le lard. Recouvrez du second magret, côté peau à l'extérieur, et ficelez le tout pour obtenir un rôti.

3. Placez le rôti dans un plat allant au four. Enfournez et faites cuire 25 à 30 minutes (selon la cuisson désirée).

4. Servez le magret aussitôt coupé en fines tranches, accompagné d'un gratin dauphinois.

PAPILLOTES DE POULET

POUR 4 PERSONNES
PRÉPARATION : 15 MIN
CUISSON : 15 MIN

4 blancs de poulet sans la peau
1 pamplemousse rose non traité
200 g de pousses de soja
Quelques brins de coriandre effeuillés
4 cuillerées à soupe de sauce soja
Sel et poivre

1. Préchauffez le four à 240 °C (th. 8). Coupez les blancs de poulet en lanières.
2. Zestez et pressez le pamplemousse. Faites réduire le jus de pamplemousse de moitié, à feu vif, dans une petite casserole.
3. Coupez 4 grandes feuilles de papier sulfurisé. Répartissez les pousses de soja, les lanières de poulet, puis les zestes de pamplemousse sur les feuilles de papier sulfurisé. Arrosez de sauce de soja. Salez et poivrez. Fermez bien les papillotes en les roulant autour de la garniture (au moins deux fois) et en attachant leurs extrémités avec de la ficelle de cuisson ou en les repliant en dessous.
4. Enfournez les papillotes pour 10 minutes de cuisson.
5. Ouvrez les papillotes. Arrosez-les de jus de pamplemousse réduit. Parsemez-les de feuilles de coriandre.

PINTADE AU CHOU

POUR 4 PERSONNES
PRÉPARATION : 30 MIN
CUISSON : 1 H 30

1 pintade fermière de 1,5 kg vidée
300 g de lard fumé
½ chou vert
6 carottes
4 oignons jaunes
25 cl de bouillon de volaille chaud
25 cl de vin blanc
Sel et poivre

1. Pelez et émincez les oignons. Coupez le chou en lanières. Épluchez les carottes et coupez-les en rondelles. Coupez le lard en gros lardons.

2. Blanchissez le chou 5 minutes dans une casserole d'eau bouillante salée puis passez-le sous l'eau froide. Égouttez-le.

3. Dans une cocotte sans matière grasse, faites revenir les lardons avec les oignons, le chou et les carottes 15 minutes à feu moyen en mélangeant de temps en temps. Débarrassez sur un plat.

4. Déposez la pintade dans la cocotte et faites-la dorer (avec un filet d'huile d'olive si besoin) de tous côtés à feu vif.

5. Remettez les légumes dans la cocotte, sur la pintade. Versez le vin blanc et le bouillon de volaille. Salez, poivrez et mélangez. Couvrez et faites cuire 1 h 15.

POULET RÔTI
au thym

POUR 4 PERSONNES
REPOS : 30 MIN
PRÉPARATION : 10 MIN
CUISSON : 2 H

1 poulet fermier
de 1,5 kg vidé
1 yaourt nature
15 brins de thym
Sel et poivre

***

Astuce
Cette technique de cuisson douce permet d'avoir une volaille tendre et moelleuse. En fin de cuisson, si vous voulez une peau plus croustillante, augmentez le thermostat.

1. Sortez la volaille du réfrigérateur et laissez-la reposer à température ambiante pendant 30 minutes.
2. Effeuillez le thym et mélangez-le au yaourt. Garnissez l'intérieur du poulet de yaourt au thym. Déposez-le dans un plat allant au four. Salez et poivrez le dessus.
3. Enfournez le poulet (en démarrant à four froid) et faites cuire 2 heures à 150 °C (th. 5).
4. Sortez le poulet du four et dégustez-le avec des frites maison et une salade de mesclun.

RÔTI DE VEAU *aux poires*

POUR 4 PERSONNES
REPOS : 30 MIN + 10 MIN
PRÉPARATION : 20 MIN
CUISSON : 40 MIN

1 rôti de veau de 1 kg
4 poires
3 gousses d'ail
1 gousse de vanille
2 brins de thym frais
30 g de beurre
2 cuillerées à soupe d'huile d'olive
Sel et poivre

★★★

Astuce
Vous pouvez remplacer les poires par des pommes (type Golden ou Pink Lady).

1. Sortez le rôti du réfrigérateur 30 minutes avant la cuisson. Préchauffez le four à 180 °C (th. 6). Pelez les poires et coupez-les en deux. Épluchez les gousses d'ail et écrasez-les avec le plat de la lame d'un couteau.

2. Salez et poivrez le rôti. Faites chauffer l'huile d'olive dans une poêle, puis faites dorer la viande sur toutes les faces.

3. Fendez la gousse de vanille en deux dans le sens de la longueur. Insérez les demi-gousses entre les ficelles du rôti et la chair de la viande.

4. Placez le rôti, les poires, le thym et les gousses d'ail dans un plat allant four. Parsemez le rôti de parcelles de beurre. Versez un demi-verre d'eau dans le fond du plat et enfournez pour 40 minutes de cuisson en arrosant régulièrement le rôti.

5. Laissez ensuite reposer le rôti hors du four pendant 10 minutes sous une feuille de papier d'aluminium. Coupez-le en tranches et dégustez chaud.

RÔTI DE DINDE FARCI
aux tomates, mozzarella et basilic

POUR 4 PERSONNES
PRÉPARATION : 30 MIN
REPOS : 10 MIN + 10 MIN
CUISSON : 1 H

1 rôti de dinde de 700 g
12 pétales de tomates confites à l'huile
1 boule de mozzarella
¼ de botte de basilic
2 cuillerées à soupe d'huile d'olive
Sel et poivre

★★★

Astuce

Pour un goût plus prononcé, remplacez la mozzarella par de la scamorza fumée (fromage cru à pâte filée d'origine italienne).

1. Sortez le rôti de dinde du réfrigérateur 30 minutes avant la cuisson. Préchauffez le four à 210 °C (th. 7).
2. Égouttez et hachez les tomates confites. Égouttez la mozzarella, puis coupez-la en rondelles. Lavez et effeuillez le basilic. Déroulez le rôti de dinde. Déposez au centre les tomates, la mozzarella et le basilic. Refermez le rôti et ficelez-le avec de la ficelle de cuisine.
3. Faites chauffer l'huile d'olive dans une poêle. Salez et poivrez le rôti, puis faites-le dorer dans la poêle sur toutes les faces. Mettez-le dans un plat allant au four et enfournez-le pour 45 minutes à 1 heure de cuisson. Versez un verre d'eau dans le fond du plat à mi-cuisson.
4. À la sortie du four, laissez le rôti reposer environ 10 minutes sous une feuille de papier d'aluminium. Découpez le rôti en tranches et dégustez-le chaud avec des spaghettis.

RÔTI DE BOEUF FARCI *au foie gras et aux noix*

POUR 4 PERSONNES
PRÉPARATION : 20 MIN
CUISSON : 20 À 30 MIN
REPOS : 30 MIN + 10 MIN

800 g de filet de bœuf
100 g de foie gras mi-cuit
50 g de cerneaux de noix
Poivre

Astuce

Vous pouvez réaliser cette recette avec une escalope de foie gras cru ou une mousse de canard.

1. Sortez le filet de bœuf du réfrigérateur 30 minutes avant de le cuisiner.
2. Préchauffez le four à 180 °C (th. 6).
3. Concassez les cerneaux de noix puis mélangez-les avec le foie gras coupé en petits dés.
4. Coupez le filet de bœuf en deux dans la longueur. Sur une moitié, répartissez le mélange noix-foie gras ; poivrez. Recouvrez avec l'autre moitié de filet et ficelez le tout comme un rôti.
5. Posez le rôti dans un plat allant au four, salez et poivrez. Enfournez et faites cuire 20 à 30 minutes selon la cuisson souhaitée.
6. Sortez le rôti du four et couvrez-le de papier d'aluminium. Laissez reposer 10 minutes avant de couper la viande en tranches fines.

POUR 6 PERSONNES

ACRAS de morue

POUR 6 PERSONNES
PRÉPARATION : 20 MIN
REPOS : 24 H + 2 H
CUISSON : 10 MIN

600 g de morue
2 œufs
6 cives ciselées
5 gousses d'ail pressées
1 bouquet de persil plat ciselé
1 citron vert
½ de piment antillais très finement haché
400 g de farine
2 sachets de levure chimique
30 cl de lait
15 cl d'eau
2 litres d'huile de friture
Sel et poivre

Astuce

Pour manipuler un piment fort comme le piment antillais, portez des gants et protégez vos yeux. Les brûlures peuvent être redoutables.

1. La veille, dessalez la morue. Rincez-la sous un jet d'eau fraîche afin d'éliminer le sel à la surface. Laissez ensuite tremper 24 heures dans une bassine d'eau froide. Changez l'eau quatre fois.

2. Le jour même, placez la morue dans une casserole d'eau. Pochez 4 minutes dans une eau frémissante. Rincez sous l'eau froide et égouttez. Éliminez la peau et les arêtes. Épongez et mixez la morue.

3. Incorporez le lait et l'eau à la farine en évitant de faire des grumeaux. Ajoutez les œufs, la morue, les cives, le persil et l'ail. Poivrez, mélangez puis incorporez la levure, le jus du citron vert et le piment. Goûtez la pâte et rectifiez l'assaisonnement si nécessaire. Laissez reposer 2 heures à température ambiante.

4. Faites chauffer l'huile à 170 °C et déposez des boules de pâte avec une cuillère à café. Faites frire quelques minutes de tous les côtés. Sortez les acras avec une écumoire et laissez égoutter sur du papier absorbant.

5. Servez chaud avec un petit filet de jus de citron vert.

JAMBON *persillé*

POUR 6 PERSONNES
PRÉPARATION : 30 MIN
CUISSON : 6 H
REPOS : 48 H

1 jambonneau demi-sel
500 g de palette demi-sel
1 pied de porc
1 pied de veau
1 poireau coupé en tronçons
2 carottes coupées en rondelles
2 oignons coupés en deux
7 gousses d'ail dégermées et pressées
2 clous de girofle
2 bouquets de persil frisé ciselés
1 bouquet garni
2 bouteilles de bourgogne aligoté blanc
Poivre

1. L'avant-veille, dans une grande cocotte, disposez les viandes avec le poireau, les carottes, les oignons dont un piqué des clous de girofle, le bouquet garni. Mouillez avec le vin et complétez à hauteur avec de l'eau. Portez à ébullition et écumez. Diminuez le feu et laissez frémir 6 heures.

2. Égouttez les viandes. Effilochez grossièrement le jambonneau et la palette. Désossez les pieds de porc et de veau et détaillez en gros morceaux.

3. Filtrez le jus de cuisson. Poivrez et vérifiez l'assaisonnement. Ajoutez les deux tiers du persil et l'ail.

4. Dans une terrine, disposez le tiers restant de persil puis une couche de viande. Versez du bouillon persillé, à nouveau de la viande et ainsi de suite jusqu'à l'épuisement de la viande. Filmez la terrine et laissez reposer 48 heures avant de servir découpé en tranches en entrée, ou en cubes à l'apéritif.

PÂTÉ DE CANARD

POUR 6 PERSONNES

POUR 6 PERSONNES
PRÉPARATION : 30 MIN
CUISSON : 50 MIN

2 jaunes d'œufs
500 g de farine
200 g de beurre pommade
10 g de sel

Farce :
400 g de chair de canard en petits dés
200 g de foie gras de canard en petits dés
100 g de foie de canard
100 g de chair de lapin en petits dés
200 g de champignons en brunoise
2 échalotes hachées
2 œufs + 1 jaune pour la dorure
20 g de beurre
Sel et poivre

1. La veille, préparez la pâte. Mélangez la farine et le sel. Travaillez la farine et le beurre, incorporez les jaunes d'œufs. Lorsque la pâte est homogène, formez une boule, filmez et réservez au frais.

2. Faites revenir les échalotes avec les champignons dans 10 g de beurre. Réservez. Mélangez toutes les viandes avec 2 œufs et la duxelles de champignons. Salez, poivrez et réservez au frais.

3. Préchauffez le four à 180 °C (th. 6). Abaissez la pâte sur un plan fariné. Foncez une terrine graissée ou un moule à pâté en laissant la pâte largement déborder. Garnissez de farce. Déposez un couvercle de pâte puis soudez les deux abaisses. Réalisez une ouverture en cheminée sur le haut. Dorez au jaune d'œuf mélangé à 1 cuillerée à soupe d'eau. Faites cuire 50 minutes et laissez

SALADE de cocos de Paimpol

POUR 6 PERSONNES
PRÉPARATION : 15 MIN
CUISSON : 35 MIN

1,5 kg de cocos de Paimpol frais à écosser (600 g de haricots frais)
Une douzaine de pétales de tomates confites
6 tranches de pancetta
1 gros oignon rouge émincé
3 cuillerées à soupe d'herbes aromatiques ciselées (persil plat, ciboulette, coriandre, cerfeuil…)
1 litre de bouillon de volaille
2 cuillerées à soupe de vinaigre de xérès
4 cuillerées à soupe d'huile d'olive
Sel et poivre

1. Faites frémir le bouillon de volaille. Plongez les haricots et laissez cuire 30 minutes à petit feu.

2. Pendant ce temps, préparez la vinaigrette en assemblant l'huile, le vinaigre, du sel et du poivre. Incorporez également les herbes afin qu'elles parfument la vinaigrette.

3. Faites griller la pancetta au four.

4. Égouttez les haricots. Mélangez-les à l'oignon, aux tomates et à la vinaigrette. Parsemez de pancetta émiettée. À déguster froid ou tiède.

SALADE *niçoise*

POUR 6 PERSONNES
REPOS : 10 MIN
PRÉPARATION : 30 MIN

200 g de thon au naturel
16 anchois au sel
3 œufs durs
500 g de tomates
200 g de fèves épluchées
400 g de petits artichauts violets
250 g de radis
200 g de concombre
100 g de cœur de céleri
100 g d'oignons frais
1 petit poivron vert long
50 g d'olives noires non dénoyautées
1 gousse d'ail
Une douzaine de feuilles de basilic
10 cl d'huile d'olive
2 cuillerées à soupe de vinaigre de vin
Le jus de 1 citron
Sel et poivre

1. Rincez les anchois et laissez-les tremper 10 minutes dans un bol d'eau pour les assouplir. Éliminez l'arête centrale et réservez les filets.

2. Éliminez les deux premières rangées des feuilles extérieures dures des artichauts. Coupez l'extrémité de la queue. Supprimez le tiers supérieur des artichauts et coupez-les en deux dans la hauteur. Avec une petite cuillère, retirez le foin et tranchez en lamelles. Arrosez abondamment de jus de citron. Réservez.

3. Écalez et coupez en quartiers les œufs durs. Lavez tous les légumes. Coupez les tomates en quartiers, salez et laissez égoutter. Émincez le concombre, salez et laissez égoutter. Émincez le poivron, les oignons et le cœur de céleri.

4. Frottez un saladier avec la gousse d'ail coupée en deux. Mélangez-y les artichauts, le concombre, les fèves, le poivron, les oignons, les olives et les tomates. Assaisonnez d'huile d'olive, de vinaigre, de sel et de poivre.

5. Disposez par-dessus les œufs, les anchois et le thon grossièrement émietté. Parsemez de feuilles de basilic. Servez très frais.

SAUCISSON *brioché*

POUR 6 PERSONNES
PRÉPARATION : 30 MIN
REPOS : 2 H + 1 NUIT
CUISSON : 45 MIN

1 saucisson de Lyon, nature ou pistaché
3 branches de thym
2 feuilles de laurier

Pâte briochée :
3 œufs déliés + 1 jaune pour la dorure
300 g de farine T45
10 g de levure de boulanger
10 cl de lait entier
130 g de beurre à température ambiante
1 cuillerée à café de sel

1. La veille, préparez la pâte. Réalisez un levain en mélangeant 125 g de farine avec la levure et 12,5 cl d'eau tiède. Laissez pousser au moins 2 heures à température ambiante. Le mélange doit doubler de volume.

2. Formez une fontaine avec le reste de farine et incorporez les œufs, le lait et le sel. Ajoutez le beurre en petits morceaux et pétrissez. Ajoutez le levain et continuez à pétrir. Lorsque la pâte se décolle du plan de travail, formez une boule et laissez reposer au frais 1 nuit.

3. Le jour même, faites cuire le saucisson 20 minutes dans une eau portée à ébullition avec le thym et le laurier. Égouttez et retirez la peau. Préchauffez le four à 180 °C (th. 6).

4. Chemisez un moule à cake, versez un peu de pâte à brioche, déposez le saucisson et ajoutez le reste de pâte de manière à bien enrober le saucisson. Badigeonnez avec le jaune d'œuf dilué dans une cuillerée à soupe d'eau. Faites cuire 25 minutes.

SALADE DE GRENAILLES *et truite fumée*

POUR 6 PERSONNES
PRÉPARATION : 20 MIN
CUISSON : 25 MIN

1 kg de pommes de terre grenailles
6 tranches de truite fumée
2 oignons nouveaux
1 citron non traité
4 cuillerées à soupe de crème fraîche
½ cuillerée à café de sucre semoule
Huile d'olive
Sel et poivre

1. Préchauffez le four à 180 °C (th. 6). Lavez les pommes de terre puis faites-les précuire 10 minutes dans une casserole d'eau salée (avec un départ en eau froide). Égouttez-les.

2. Déposez les pommes de terre sur une plaque de cuisson recouverte de papier sulfurisé. Arrosez-les d'un filet d'huile d'olive et saupoudrez-les de sel. Enfournez et faites cuire 15 minutes.

3. Pendant ce temps, lavez les oignons et émincez-les. Coupez les tranches de truite fumée en morceaux. Lavez le citron, prélevez les zestes et recueillez le jus.

4. Dans un bol, mélangez la crème fraîche avec le jus et les zestes de citron, le sucre, du sel et du poivre.

5. Lorsque les grenailles sont cuites, laissez-les refroidir puis mélangez-les dans un saladier avec les oignons et la truite fumée. Servez avec la sauce citronnée.

SAUMON RÔTI
et salade concombre-mangue

POUR 6 PERSONNES
PRÉPARATION : 15 MIN
CUISSON : 20 MIN

1,2 kg de filet de saumon
2 petits concombres
1 mangue
2 échalotes
1 piment rouge
¼ de bouquet de coriandre
Le jus de 1 citron jaune
Le jus de 1 citron vert
2 cuillerées à soupe de vinaigre balsamique blanc
Huile d'olive
Sel et poivre

1. Préchauffez le four à 200 °C (th. 6-7). Déposez le filet de saumon sur une plaque de cuisson recouverte de papier sulfurisé. Salez, poivrez puis arrosez de jus de citron jaune et d'un filet d'huile d'olive. Baissez la température du four à 180 °C (th. 6). Enfournez et faites cuire 20 minutes.

2. Pendant ce temps, lavez les concombres, coupez-les en deux dans la longueur et ôtez les graines avec une petite cuillère ; détaillez-les en fines lamelles.

3. Épluchez la mangue, prélevez la chair et émincez-la finement. Pelez et hachez les échalotes. Épépinez le piment et hachez-le. Lavez et hachez la coriandre.

4. Dans un bol, mélangez le vinaigre avec 2 cuillerées à soupe d'huile d'olive, le jus de citron vert, les échalotes et le piment.

5. Dans un saladier, mélangez le concombre et la mangue avec la vinaigrette. Déposez le saumon cuit sur un plat. Recouvrez-le de salade concombre-mangue. Parsemez de coriandre. Servez aussitôt avec une salade de mâche.

QUICHE *lorraine*

POUR 6 PERSONNES
PRÉPARATION : 20 MIN
CUISSON : 35 À 40 MIN

1 pâte brisée prête à l'emploi

Garniture :
250 g de poitrine fumée
5 œufs + 1 jaune
3 pincées de noix muscade râpée
50 cl de crème liquide + 25 cl de lait entier ou 300 g de crème fraîche épaisse
Poivre

1. Placez la poitrine dans une casserole d'eau froide, portez à ébullition, égouttez et détaillez en bâtonnets en supprimant d'éventuels cartilages. Faites rissoler les lardons dans une sauteuse antiadhésive en mélangeant sans cesse jusqu'à ce qu'ils soient légèrement croustillants. Réservez sur du papier absorbant.

2. Préchauffez le four à 210 °C (th. 7). Foncez la pâte brisée dans un moule à tarte préalablement beurré. Piquez le fond de pâte avec une fourchette. Déposez les lardons sur la pâte.

3. Battez les œufs et le jaune à la fourchette dans un saladier, ajoutez la crème et le lait (ou la crème épaisse), assaisonnez avec du poivre du moulin et de la noix muscade. Ne salez pas, la poitrine sale suffisamment.

4. Baissez le thermostat du four à 180 °C (th. 6) et enfournez pour 35 à 40 minutes de cuisson. Servez chaud accompagné d'une salade ou tiède coupé en petits morceaux à l'apéritif.

GRATIN *dauphinois*

POUR 6 PERSONNES
PRÉPARATION : 20 MIN
CUISSON : 2 H

1,2 kg de pommes de terre à chair ferme
1 belle gousse d'ail
1 belle pincée de noix muscade râpée
50 cl de lait entier
50 cl de crème liquide
1 noisette de beurre
Sel et poivre

1. Épluchez les pommes de terre, rincez-les et séchez-les convenablement dans un torchon. Coupez-les en rondelles de 3 mm d'épaisseur. À ce stade, ne passez plus les pommes de terre sous l'eau, cela risquerait de retirer l'amidon nécessaire à la liaison du gratin.

2. Préchauffez le four à 150 °C (th. 5).

3. Épluchez l'ail et frottez-en un plat à bord haut allant au four puis beurrez.

4. Rangez les pommes de terre par couches successives en prenant soin de saler, de poivrer et d'assaisonner de noix muscade. Répétez jusqu'à épuisement des rondelles. Veillez à ne pas remplir le plat à ras bord pour éviter les débordements pendant la cuisson. Recouvrez les pommes de terre du mélange de crème et de lait. Enfournez pour 2 heures de cuisson.

RISOTTO AUX CÈPES *et lard de Colonnata*

POUR 6 PERSONNES

POUR 6 PERSONNES
PRÉPARATION : 20 MIN
CUISSON : 25 MIN
REPOS : 3 MIN

420 g de riz rond à risotto
500 g de cèpes
6 très fines tranches de lard de Colonnata
1 oignon
1 gousse d'ail
½ bouquet de persil plat
70 g de parmesan râpé
15 cl de vin blanc sec
1,5 litre de bouillon de volaille chaud
3 cuillerées à soupe d'huile d'olive
Sel et poivre

1. Ôtez l'extrémité du pied des cèpes et grattez les parties terreuses. Rincez-les très rapidement sous un filet d'eau fraîche puis coupez-les en morceaux. Pelez et hachez l'oignon et l'ail. Lavez et ciselez le persil.

2. Dans une cocotte, faites revenir l'oignon et l'ail avec l'huile d'olive 3 minutes à feu moyen. Ajoutez les cèpes ainsi que la moitié du persil et faites rissoler 6 minutes.

3. Déposez le riz dans la cocotte et mélangez pendant 3 à 4 minutes avec une spatule pour nacrer les grains. Versez le vin blanc, remuez et laissez cuire jusqu'à l'évaporation du liquide. Ajoutez 2 louches de bouillon chaud, salez, poivrez et faites cuire en remuant jusqu'à ce que le bouillon soit totalement absorbé. Continuez ainsi la cuisson pendant 18 minutes environ en ajoutant le bouillon petit à petit et en remuant régulièrement (une fois cuit, le riz reste ferme).

4. Hors du feu, incorporez le parmesan râpé. Vérifiez l'assaisonnement. Couvrez et laissez reposer 3 minutes. Parsemez le risotto avec le reste de persil et servez aussitôt avec 1 tranche de lard de Colonnata.

CEVICHE AU LAIT DE COCO, *coriandre et maïs*

POUR 6 PERSONNES
PRÉPARATION : 30 MIN
MARINADE : 7 MIN

1 kg de filets de poisson blanc à chair ferme frais
50 g de maïs cuit au naturel
1 oignon rouge
1 gousse d'ail
8 brins de coriandre
1 petit piment rouge
12 citrons verts
3 cuillerées à soupe de crème de coco
15 cl de bouillon de poisson
4 cuillerées à café rases de sel
1 pincée de poivre moulu

1. Pressez les citrons verts et réservez le jus. Lavez le piment, épépinez-le et émincez-le finement. Pelez et hachez l'ail. Lavez et hachez la coriandre. Épluchez et ciselez finement l'oignon.

2. Retirez les arêtes et la peau du poisson puis coupez la chair en petits cubes. Déposez-les dans un saladier puis ajoutez le sel, le poivre et le jus de citron. Mélangez rapidement et laissez reposer 5 minutes.

3. Ajoutez ensuite dans le saladier le maïs égoutté, le bouillon de poisson, le piment, la coriandre, l'ail et l'oignon. Mélangez le tout et laissez reposer encore 2 minutes.

4. Vérifiez l'assaisonnement puis ajoutez la crème de coco. Mélangez délicatement et servez aussitôt.

RÔTI DE CABILLAUD
en croûte de chorizo

POUR 6 PERSONNES
PRÉPARATION : 20 MIN
REFROIDISSEMENT : 3 H
CUISSON : 25 MIN

2 dos de cabillaud
de 25 cm de long
10 rondelles de chorizo
2 cuillerées à soupe
d'huile d'olive
Sel et poivre

Croûte de chorizo :
100 g de chorizo
60 g de parmesan râpé
50 g de chapelure
1 blanc d'œuf
30 g de beurre

1. Mixez ensemble tous les ingrédients de la croûte de chorizo. Étalez cette préparation sur une plaque de cuisson recouverte de papier sulfurisé (aidez-vous d'un rouleau à pâtisserie) de manière à obtenir un rectangle de 25 × 15 cm environ de 0,3 mm d'épaisseur. Recouvrez d'une seconde feuille de papier et placez 3 heures au congélateur.

2. Répartissez les rondelles de chorizo sur un dos de cabillaud. Couvrez avec le second dos de poisson et ficelez le tout comme un rôti. Salez et poivrez.

3. Faites chauffer l'huile dans une cocotte puis saisissez le rôti de poisson 3 minutes de chaque côté à feu moyen. Couvrez et laissez cuire 10 minutes.

4. Préchauffez le four à 180 °C (th. 6). Sortez la croûte de chorizo du congélateur et laissez-la revenir à température ambiante.

5. Égouttez le rôti. Recouvrez-le totalement de croûte de chorizo et déposez-le dans un plat allant au four. Enfournez et faites cuire 10 minutes. Servez aussitôt.

ROUGAIL DE POULPE

POUR 6 PERSONNES
PRÉPARATION : 20 MIN
CUISSON : 35 MIN

1,2 kg de poulpes
8 tomates
3 oignons émincés
3 gousses d'ail pressées
3 brins de cives
L'écorce de 1 combawa
1 cuillerée à soupe de gingembre frais râpé
½ de piment antillais haché
5 branches de thym
1 feuille de laurier
5 cuillerées à soupe d'huile
Sel et poivre

1. Coupez les poulpes à la jointure entre la tête et les tentacules. Éliminez la tête, de même que le petit bec dur. Rincez les poulpes en veillant à ce que les ventouses soient bien propres. Tranchez en segments d'environ 5 cm.

2. Pelez et épépinez la moitié des tomates. Détaillez grossièrement la chair. Coupez en deux l'autre moitié des tomates et râpez-les (avec une râpe à gros trous).

3. Dans une cocotte, faites revenir dans l'huile, les oignons, avec l'ail, le gingembre, du sel et le piment. Faites suer 5 minutes. Ajoutez le poulpe. Continuez la cuisson 20 minutes à couvert.

4. Ajoutez les morceaux et la pulpe râpée des tomates, le thym, le laurier et l'écorce de combawa. Laissez frémir 10 minutes.

5. Parsemez de cives ciselées. Servez avec du riz.

ANDOUILLETTES à la moutarde et au vin blanc

POUR 6 PERSONNES
PRÉPARATION : 15 MIN
CUISSON : 15 MIN

6 andouillettes
3 échalotes hachées
3 cuillerées à soupe de moutarde à l'ancienne
60 cl de vin blanc sec
30 cl de crème liquide
1 filet d'huile
20 g de beurre
Sel et poivre

1. Faites chauffer une poêle avec un filet d'huile et faites dorer les andouillettes 5 minutes de chaque côté à feu moyen.

2. Mélangez la crème et la moutarde dans un bol.

3. Dans une autre poêle, faites fondre le beurre et faites suer les échalotes 3 minutes. Mouillez avec le vin blanc et laissez réduire de moitié à feu doux pendant 10 minutes. Ajoutez le mélange de crème et de moutarde, puis remuez le temps que le mélange chauffe.

4. Servez les andouillettes arrosées de sauce. Accompagnez de pommes de terre vapeur ou de tagliatelles.

AXOA DE VEAU

POUR 6 PERSONNES
PRÉPARATION : 15 MIN
CUISSON : 50 MIN

1,5 kg de veau (épaule désossée)
1 poivron rouge coupé en dés
2 oignons hachés
1 gousse d'ail pressée
1 bouquet garni
8 piments verts doux en dés
Piment d'Espelette en poudre
60 cl de bouillon
4 cuillerées à soupe d'huile d'olive
Sel et poivre

1. Détaillez la viande en petits dés de 2 cm de côté.

2. Faites chauffer une sauteuse et faites-y dorer la viande dans 2 cuillerées à soupe d'huile. Ajoutez le reste d'huile, les oignons et l'ail et faites revenir le tout pendant 5 minutes.

3. Couvrez à hauteur de bouillon, salez, poivrez, ajoutez un bouquet garni et portez à ébullition. Couvrez et laissez frémir 30 minutes. Ajoutez alors le poivron et les piments verts et faites mijoter encore 15 minutes. Parsemez de piment d'Espelette. Accompagnez de pommes de terre vapeur.

BŒUF bourguignon

POUR 6 PERSONNES
PRÉPARATION : 40 MIN
MARINADE : 24 H
CUISSON : 3 H 30

1,5 kg de bœuf à braiser paré et coupé en gros cubes
200 g de lardons
300 g de champignons émincés
24 oignons grelots
3 carottes
2 cuillerées à soupe de farine
3 cuillerées à soupe d'huile
1 noisette de beurre
1 cuillerée à café de sucre semoule
Sel

Marinade :
1,5 litre de vin rouge corsé
1 carotte coupée en gros morceaux
1 oignon piqué d'un clou de girofle
1 oignon en gros dés
1 gousse d'ail écrasée
1 bouquet garni
1 cuillerée à soupe d'huile
5 grains de poivre

1. La veille, faites mariner le bœuf avec tous les ingrédients de la marinade. Couvrez et laissez mariner 24 heures au frais. Le jour même, égouttez les morceaux de viande. Séparez la garniture aromatique et le liquide de marinade.

2. Faites chauffer une poêle et faites-y dorer les lardons. Égouttez et réservez. Dans la même poêle, faites rissoler les champignons. Réservez.

3. Faites revenir les oignons dans le beurre avec 1 pincée de sel et le sucre. Ajoutez un filet d'eau, mélangez et cuisez à couvert. Après 10 minutes, retirez le couvercle et laissez évaporer le liquide en mélangeant. Préchauffez le four à 150 °C (th. 5).

4. Dans une cocotte, faites chauffer 3 cuillerées à soupe d'huile et faites rissoler la viande à feu vif. Salez et poivrez. Égouttez la viande. Ajoutez la farine et faites roussir en mélangeant. Incorporez progressivement le liquide de marinade en remuant sans cesse. Portez à ébullition et remettez la viande dans la cocotte avec la garniture. Couvrez et enfournez pour 3 heures.

5. Égouttez la viande et filtrez la sauce. Remettez-la dans la cocotte ainsi que les morceaux de viande, les carottes, les lardons, les champignons et les oignons. Portez à ébullition. Dégustez.

BOLES DE PICOLAT

POUR 6 PERSONNES
PRÉPARATION : 40 MIN
TREMPAGE : 1 NUIT
CUISSON : 1 H 30

400 g de viande de bœuf hachée
600 g de chair à saucisse
2 œufs
1 grosse tranche de pain sec
3 gousses d'ail pressées
3 cuillerées à soupe de persil plat ciselé
20 cl de lait
Huile d'olive
Sel et poivre

Sauce :
800 g de haricots blancs secs
6 tomates émondées
2 carottes coupées en petits morceaux
150 g de cèpes séchés
150 g de lardons fumés
300 g d'olives vertes
3 oignons émincés
3 gousses d'ail pressées
1 bouquet garni
1 cuillerée à soupe de farine
Huile

1. La veille, faites tremper les haricots dans de l'eau. Le jour même, égouttez-les, versez-les dans une marmite, recouvrez d'eau et ajoutez le bouquet garni. Portez à ébullition et laissez frémir 45 minutes.

2. Réhydratez les cèpes dans le lait. Lorsqu'ils ont gonflé, égouttez-les et hachez-les. Utilisez le même lait pour faire tremper le pain. Égouttez-le et hachez-le. Assemblez les viandes, les œufs, le persil, l'ail et le pain. Salez, poivrez et mélangez. Façonnez des sphères de 5 cm de diamètre.

3. Faites chauffer une poêle avec un filet d'huile d'olive et faites dorer les boulettes. Réservez.

4. Faites chauffer une cocotte et faites-y dorer les lardons. Réservez puis faites roussir les oignons. Saupoudrez de farine. Ajoutez les tomates et laissez fondre jusqu'à ce que le mélange épaississe. Ajoutez alors les cèpes, les carottes, l'ail et couvrez d'eau. Salez et poivrez. Portez à ébullition et laissez frémir à couvert 30 minutes. Ajoutez les haricots, les lardons ainsi que les olives vertes et poursuivez la cuisson 10 minutes.

5. Ajoutez les boles dans la sauce et faites frémir 30 minutes.

CARBONNADE *flamande*

POUR 6 PERSONNES
PRÉPARATION : 30 MIN
CUISSON : 2 H 30

500 g de macreuse détaillée en gros cubes
500 g de paleron détaillé en gros cubes
500 g de gîte détaillé en gros cubes
250 g de poitrine de porc fraîche salée et non fumée
4 tranches de pain d'épice
3 gros oignons émincés
5 échalotes émincées
1 bouquet garni
2 cuillerées à soupe de farine
1 litre de bière brune
2 cuillerées à soupe de moutarde
2 cuillerées à soupe d'huile
1 noisette de beurre
1 cuillerée à soupe de vergeoise brune
Sel et poivre

1. Détaillez la poitrine en gros lardons et faites-les légèrement dorer dans une poêle antiadhésive. Réservez.

2. Faites chauffer l'huile et le beurre dans une cocotte et faites rissoler les viandes pour obtenir une belle croûte dorée. Retirez la viande et, dans la même cocotte, faites revenir les oignons et les échalotes avec la vergeoise pendant 5 minutes. Replacez la viande et le lard dans la cocotte et saupoudrez le tout de farine. Mélangez quelques minutes afin de bien enrober tous les morceaux en grattant les sucs de cuisson.

3. Versez la bière à hauteur. Salez, poivrez et ajoutez le bouquet garni. Déposez les tranches de pain d'épice tartinées de moutarde sur le tout.

4. Portez à ébullition et faites cuire à feu doux pendant 2 heures 30, en mélangeant toutes les 15 minutes. Servez avec des frites maison.

CASSOULET

POUR 6 PERSONNES
PRÉPARATION : 30 MIN
TREMPAGE : 1 NUIT
CUISSON : 3 H

6 cuisses de canard confites
500 g de saucisse de Toulouse
300 g d'échine de porc en cubes
250 g de couenne de porc
600 g de haricots secs (type lingots)
6 tomates pelées, épépinées et hachées
2 oignons coupés en petits morceaux
4 gousses d'ail pressées + 1 entière
1 cuillerée à soupe de concentré de tomate
1 bouquet garni
6 cuillerées à soupe de chapelure
2 litres de bouillon de volaille
Poivre

1. La veille, faites tremper les haricots 1 nuit dans une bassine d'eau froide. Le jour même, portez une casserole d'eau à ébullition et versez-y les haricots. Faites cuire 30 minutes. Égouttez et réservez.
2. Retirez la graisse des cuisses de canard. Utilisez-la pour faire revenir les oignons et les tomates. Ajoutez l'ail pressé et laissez cuire 2 minutes.
3. Dans une poêle à sec, faites fondre la graisse qui reste sur les cuisses. Faites rissoler la saucisse puis l'échine de porc 7 minutes.
4. Frottez la cocotte avec la gousse d'ail restante coupée en deux. Tapissez le fond de la moitié de la couenne. Versez les haricots, les tomates, les oignons, l'ail, l'autre moitié de la couenne et le bouquet garni. Poivrez et versez du bouillon de volaille à hauteur. Couvrez et faites cuire à feu moyen pendant 1 heure 30.
5. Au bout de ce temps, ajoutez les cuisses confites, la saucisse et le porc. Mélangez, puis ajoutez du bouillon à hauteur. Poursuivez la cuisson à feu doux pendant 1 heure.
6. Disposez le cassoulet dans un plat en terre, parsemez de chapelure et faites gratiner 5 minutes au gril.

CONFIT DE CANARD *et pommes de terre*

POUR 6 PERSONNES
PRÉPARATION : 20 MIN
CUISSON : 30 MIN

6 cuisses de confit de canard
1,8 kg de pommes de terre à chair ferme
3 gousses d'ail hachées
3 cuillerées à soupe de persil plat ciselé
Sel et poivre

1. Préchauffez le four à 180 °C (th. 6).

2. Éliminez le maximum de graisse qui entoure les cuisses de canard et réservez-en 3 cuillerées à soupe pour les pommes de terre. Disposez les cuisses dans un plat allant au four. Enfournez pour 15 minutes.

3. Épluchez les pommes de terre et taillez-les en rondelles de 1 cm d'épaisseur. Faites chauffer une sauteuse et faites-y fondre la graisse. Faites dorer les pommes de terre 5 minutes à feu assez vif en remuant. Quand elles sont entourées d'une croûte colorée, baissez le feu et continuez la cuisson 7 minutes. Assaisonnez de sel et de poivre, parsemez de persil et d'ail.

4. Servez les cuisses de canard confit avec les pommes de terre.

CÔTE DE BŒUF
en croûte de sel

POUR 6 PERSONNES
PRÉPARATION : 10 MIN
CUISSON : 20 À 30 MIN
REPOS : 10 MIN

1 côte de bœuf de 800 g à 1 kg
15 brins de romarin
2 blancs d'œufs
2 cuillerées à soupe de poivre noir en grains
2 kg de gros sel
Poivre

★★★

Astuce
Pour la cuisson de la côte de bœuf, comptez 15 minutes par 500 g pour une viande saignante (ajoutez 8 minutes pour une viande à point).

1. Préchauffez le four à 240 °C (th. 8). Mixez grossièrement les brins de romarin avec les grains de poivre. Mélangez-les au gros sel et aux blancs d'œufs.

2. Dans une poêle antiadhésive, saisissez la côte de bœuf 2 minutes de chaque côté pour lui donner une belle coloration (retournez-la sans piquer la chair pour que le sel ne rentre pas dedans ensuite). Poivrez.

3. Déposez 1,5 cm de gros sel au romarin dans le fond d'un plat à peine plus grand que la côte de bœuf. Posez la côte de bœuf dans le plat. Recouvrez-la complètement de gros sel et tassez bien. Enfournez et faites cuire 20 à 30 minutes (selon son poids) pour une viande saignante. Ajoutez 10 minutes pour une cuisson à point.

4. Sortez le plat du four, cassez immédiatement la croûte de sel et couvrez la viande de papier d'aluminium. Laissez reposer 10 minutes et servez la côte de bœuf coupée en tranches, avec un gratin dauphinois ou une jardinière de légumes.

DAUBE PROVENÇALE

POUR 6 PERSONNES
REPOS : 1 NUIT
PRÉPARATION : 15 MIN
CUISSON : 3 H

1,2 kg de viande de bœuf (paleron, gîte)
300 g de petites olives provençales dénoyautées
3 carottes coupées en rondelles
1 branche de céleri coupée en tronçons
1 oignon
3 gousses d'ail
L'écorce de 1 orange
3 brins de thym
2 feuilles de laurier
2 clous de girofle
1 cuillerée à soupe de concentré de tomate
1 bouteille de côtes-du-rhône rouge
Huile d'olive
Sel et poivre

1. La veille, découpez la viande en gros cubes de 3 cm de côté. Faites-les mariner avec le vin, l'oignon piqué des clous de girofle, le céleri, les carottes, l'ail, le thym, le laurier, l'écorce d'orange et des grains de poivre. Filmez et réservez au frais au moins 1 nuit.

2. Le jour même, égouttez la viande. Isolez les carottes et les oignons. Éliminez les clous de girofle et émincez les oignons.

3. Dans une cocotte, faites revenir les oignons dans un filet d'huile, pendant 5 minutes. Ajoutez les morceaux de viande et faites dorer sur toutes les faces. Ajoutez les carottes, la marinade, le concentré de tomate, du sel, du poivre et laissez mijoter à petit feu au minimum 3 heures. En fin de cuisson, ajoutez les olives. Dégustez.

DINDE FARCIE *aux herbes*

POUR 6 PERSONNES
PRÉPARATION : 45 MIN
CUISSON : 3 H

1 dinde fermière de 4 kg
2 cuillerées à soupe de farine
70 cl de bouillon de poule
1 cuillerée à café de paprika
1 cuillerée à café de sel au céleri
2 cuillerées à café de grains de poivre
5 cl d'huile d'olive

Farce :
400 g de mie de pain
2 pommes épluchées et coupées en dés
40 g de noisettes hachées
150 g de raisins secs
4 cuillerées à soupe de sauge hachée
2 cuillerées à soupe de thym
2 cuillerées à soupe de sarriette
1 verre de cognac
5 cl de bouillon de poule
1 cuillerée à soupe de gingembre frais haché
60 g de beurre

1. Préparez la farce : réhydratez les raisins secs dans le verre de cognac. Faites fondre le beurre dans le bouillon chaud. Ajoutez les raisins, le cognac ainsi que tous les ingrédients de la farce. Mélangez. Préchauffez le four à 160 °C (th. 5-6).

2. Dans un mortier, écrasez le poivre, le sel au céleri et le paprika. Mélangez avec l'huile. Épongez l'intérieur de la dinde avec du papier absorbant puis farcissez-la. Refermez à l'aide d'une aiguille et de ficelle de cuisine.

3. Badigeonnez la dinde d'huile parfumée et placez-la dans un grand plat allant au four. Couvrez-la de papier d'aluminium. Enfournez et faites cuire pendant 2 heures. Faites une incision entre les cuisses de la dinde et poursuivez la cuisson 30 minutes. Retirez le papier d'aluminium et faites cuire encore 20 minutes. Sortez la volaille du four et couvrez-la pendant 15 minutes.

4. Transvasez le jus de cuisson de la dinde dans un bol. Versez ¼ de ce jus gras dans une casserole puis ajoutez progressivement la farine en mélangeant. Incorporez le bouillon de poule. Faites réduire pendant 2 minutes. Retirez du feu, salez et poivrez. Dégustez.

GIGOT de 7 heures

POUR 6 PERSONNES
PRÉPARATION : 20 MIN
CUISSON : 7 H

1 gigot d'agneau
20 gousses d'ail
1 cuillerée à soupe de cumin moulu
½ cuillerée à soupe de quatre-épices
4 cuillerées à soupe d'huile
Sel et poivre

1. Préchauffez le four à 150 °C (th. 5).
2. Pelez les gousses d'ail. Dans une cocotte, faites chauffer l'huile puis faites revenir le gigot 3 minutes de chaque côté à feu vif. Salez et poivrez.
3. Disposez les gousses d'ail entières non pelées autour du gigot. Saupoudrez les épices. Versez environ 50 cl d'eau dans la cocotte de manière à ce que le gigot soit recouvert aux deux tiers.
4. Couvrez la cocotte, enfournez-la et laissez cuire pendant 7 heures : au cours des 2 dernières heures, vérifiez qu'il reste toujours un fond de jus dans la cocotte (sinon ajoutez 1 verre d'eau). Servez le gigot bien chaud.

VOLAILLE à la normande

POUR 6 PERSONNES
PRÉPARATION : 30 MIN
CUISSON : 45 MIN

1 beau poulet coupé en six
1 carotte coupée en petits dés
2 échalotes hachées
1 bouquet garni
5 cl de calvados
25 cl de cidre
25 cl de crème liquide
30 g de beurre
Sel et poivre

Garniture :
10 pommes à cuire
300 g de champignons de Paris émincés
60 g de beurre
3 cuillerées à soupe de sucre semoule

1. Faites fondre le beurre dans une cocotte et faites dorer tous les morceaux de poulet. Procédez en plusieurs fois si votre récipient n'est pas assez grand. Salez et poivrez. Réservez.

2. Dans la même cocotte, faites revenir rapidement les échalotes et la carotte pendant 5 minutes. Remettez les morceaux de volaille dans la cocotte, arrosez de calvados et faites flamber. Mouillez de cidre, ajoutez le bouquet garni. Portez à ébullition, couvrez et laissez frémir 45 minutes.

3. Pendant ce temps, épluchez les pommes et coupez-les en six. Faites fondre 40 g de beurre, faites dorer les pommes et saupoudrez de sucre.

4. Faites chauffer les 20 g de beurre restants pour poêler les champignons.

5. En fin de cuisson, débarrassez le poulet dans une assiette et faites réduire la sauce de près de la moitié. Ajoutez la crème et laissez frémir quelques minutes. Ajoutez les morceaux de poulet quelques minutes pour les réchauffer. Servez le poulet arrosé de sauce et accompagné des pommes ainsi que des champignons poêlés.

POULET basquaise

POUR 6 PERSONNES
PRÉPARATION : 20 MIN
CUISSON : 50 MIN

6 cuisses de poulet (pilons et hauts de cuisse)
1 kg de tomates
700 g de poivrons verts et rouges
15 olives vertes dénoyautées
3 oignons
3 gousses d'ail
Quelques brins de persil plat
1 petite boîte de coulis de tomates
1 bouquet garni (persil, thym, laurier)
1 pincée de piment d'Espelette
1 pincée d'origan séché
1 verre de vin blanc sec
4 cuillerées à soupe d'huile d'olive
Sel et poivre

1. Plongez les tomates 15 secondes dans une casserole d'eau bouillante. Égouttez-les et passez-les rapidement sous l'eau froide. Pelez-les, épépinez-les et coupez-les en quartiers. Lavez, épépinez et détaillez les poivrons en lamelles. Coupez les olives en rondelles. Pelez les oignons et coupez-les en rondelles. Pelez et hachez l'ail.

2. Dans une cocotte en fonte, faites chauffer l'huile d'olive puis faites revenir les cuisses de poulet 8 à 10 minutes à feu vif. Salez et poivrez. Débarrassez sur une assiette.

3. Dans la cocotte, faites dorer les oignons et l'ail 5 minutes à feu moyen. Ajoutez les poivrons et les olives et faites-les revenir 5 minutes. Déposez les tomates et faites cuire encore 5 minutes. Versez le coulis de tomates, ajoutez le piment d'Espelette et l'origan séché. Mélangez.

4. Remettez les cuisses de poulet dans la cocotte. Ajoutez le bouquet garni et le vin blanc. Couvrez et faites cuire 35 minutes à feu doux.

5. Lavez et ciselez le persil. Parsemez-le sur le poulet juste avant de servir. Accompagnez de riz blanc ou d'une purée pommes de terre-céleri maison.

LANGOUSTES à la sauce chien

POUR 6 PERSONNES
PRÉPARATION : 10 MIN
CUISSON : 12 MIN

3 langoustes de 1,2 kg chacune

Sauce chien :
10 cives ciselées
Le jus de 4 citrons verts
4 gousses d'ail pressées
1 cuillerée à soupe de persil plat ciselé
½ de piment antillais haché
10 cl d'huile d'arachide
Sel

1. Mélangez le jus des citrons avec les cives, le persil plat, l'ail et le piment. Ajoutez l'huile, le sel et fouettez énergiquement.
2. Faites bouillir 15 cl d'eau et versez sur le mélange précédent. Laissez infuser à température ambiante.
3. Préchauffez le four à 210 °C (th. 7), avec le gril.
4. Coupez les langoustes en deux dans la longueur. Déposez-les sur une plaque de four et enfournez-les pour 12 minutes de cuisson. Sortez-les et dégustez avec la sauce chien.

COQUELETS *aux petits légumes*

POUR 6 PERSONNES
PRÉPARATION : 15 MIN
CUISSON : 1 H

3 coquelets
2 courgettes
20 tomates cerise en grappe
1 poivron jaune
200 g de pois mange-tout
1 gousse d'ail
Quelques branches de thym frais
1 verre d'eau
1 filet d'huile d'olive
Sel et poivre

1. Préchauffez le four à 180 °C (th. 6).

2. Lavez les courgettes et coupez-les en rondelles. Lavez les tomates cerise. Lavez, épépinez et coupez le poivron en morceaux. Lavez les pois mange-tout.

3. Déposez les coquelets dans un grand plat allant au four ou sur une plaque de cuisson. Assaisonnez l'intérieur et l'extérieur de sel et de poivre. Garnissez l'intérieur de thym. Arrosez-les légèrement d'huile d'olive. Déposez les légumes tout autour avec le reste de thym et la gousse d'ail pelée. Salez et poivrez. Versez 1 verre d'eau dans le fond du plat. Enfournez et faites cuire 1 heure environ.

POUR 8 PERSONNES

SALADE DE QUINOA ET FRAMBOISES, *brebis et bresaola*

POUR 8 PERSONNES
PRÉPARATION : 20 MIN
CUISSON : 15 MIN

600 g de quinoa
300 g de framboises fraîches
200 g de fromage de brebis
10 tranches de bresaola
50 g de jeunes pousses
50 g de pistaches nature décortiquées
2 cuillerées à soupe de jus de citron
6 cuillerées à soupe d'huile d'olive
1 cuillerée à soupe de vinaigre balsamique blanc
Sel

1. Rincez plusieurs fois le quinoa puis déposez-le dans une casserole. Recouvrez-le d'eau froide (2 fois son volume) et faites-le cuire 15 minutes environ jusqu'à ce que le germe de la graine devienne visible.

2. Pendant ce temps, détaillez les tranches de bresaola en petits dés. Coupez le fromage en morceaux. Rincez les jeunes pousses.

3. Dans un saladier, mélangez le jus de citron et le vinaigre. Salez, poivrez puis versez l'huile en émulsionnant.

4. Égouttez le quinoa et déposez-le dans le saladier. Mélangez-le à la sauce puis laissez refroidir à couvert.

5. Ajoutez le reste des ingrédients dans le saladier et mélangez le tout délicatement. Salez si besoin et servez aussitôt.

FEUILLETÉ DE POULET *tressé au roquefort*

POUR 8 PERSONNES
PRÉPARATION : 20 MIN
CUISSON : 30 À 35 MIN

2 blancs de poulet en petits dés
1 pâte feuilletée (230 g environ)
80 g de roquefort émietté
30 g de cerneaux de noix concassés
2 poires
1 oignon cébette
Quelques brins de ciboulette ciselés
1 cuillerée à café de graines de nigelle
Le jus de 1 citron
1 jaune d'œuf pour la dorure
1 noix de beurre
1 cuillerée à soupe d'huile d'olive
Sel et poivre

1. Préchauffez le four à 180 °C (th. 6). Rincez l'oignon cébette et coupez-le en fines rondelles. Coupez les poires en petits dés ; arrosez-les de jus de citron pour éviter qu'ils noircissent.

2. Dans une poêle, faites dorer les dés de poulet et l'oignon avec l'huile d'olive 6 à 8 minutes. Salez et poivrez. Débarrassez sur une assiette.

3. Faites fondre le beurre dans la poêle puis faites cuire les dés de poire jusqu'à ce qu'ils soient légèrement caramélisés. Remettez les dés de poulet et mélangez. Éteignez le feu.

4. Déroulez la pâte sur une feuille de papier sulfurisé. Découpez des franges avec un couteau sur le pourtour de la pâte en laissant au centre un tiers de la pâte non découpé. Garnissez cette partie avec la préparation au poulet et aux poires. Ajoutez les noix concassées et le roquefort. Parsemez de ciboulette.

5. Recouvrez la préparation avec les franges de pâte en alternant celles de droite et celles de gauche et en les entrecroisant à la manière d'une tresse. Badigeonnez le feuilleté de jaune d'œuf délayé avec 1 cuillerée à soupe d'eau. Parsemez de graines de nigelle. Enfournez pour cuire 25 à 30 minutes. Servez sur un lit de salade à l'huile de noisette.

FARÇOUS
et crème aux petits pois

POUR 8 PERSONNES
PRÉPARATION : 20 MIN
CUISSON : 20 MIN

4 œufs
300 g de vert de blettes
1 oignon
1 gousse d'ail
½ bouquet de persil plat
½ bouquet de ciboulette
300 g de farine
40 cl de lait
Huile pour la cuisson
Sel et poivre

Crème aux petits pois :
150 g de petits pois écossés
200 g de fromage frais type St Môret®
4 brins de menthe fraîche
Sel et poivre

1. Réalisez la crème aux petits pois : blanchissez les petits pois 5 minutes dans une casserole d'eau bouillante salée. Plongez-les aussitôt dans un bol d'eau froide puis égouttez-les. Mixez-les finement avec les feuilles de menthe et le fromage frais ; salez et réservez.

2. Préparez les farçous : lavez le vert des blettes puis hachez-le avec le persil et la ciboulette. Pelez et hachez l'oignon et l'ail.

3. Dans un saladier, mélangez la farine avec les œufs. Versez le lait petit à petit en remuant. Incorporez ensuite le mélange à base de blettes, l'oignon et l'ail. Salez et poivrez.

4. Faites chauffer une poêle avec un filet d'huile. Versez une petite louche de préparation puis faites cuire la crêpe de manière à ce qu'elle soit dorée de chaque côté. Réalisez ainsi les autres farçous.

5. Servez-les tièdes ou froids avec la crème aux petits pois.

TABOULÉ AUX HERBES, *petits pois et graines*

POUR 8 PERSONNES
PRÉPARATION : 20 MIN
CUISSON : 5 MIN

300 g de semoule à couscous moyenne
½ bouquet de cerfeuil
½ bouquet de menthe
½ bouquet de persil plat
½ bouquet de ciboulette
250 g de petits pois écossés
2 cuillerées à soupe de câpres
2 cuillerées à soupe de graines mélangées (tournesol, courge, sésame…)
Le jus de 1 citron
Huile d'olive
Sel et poivre

1. Préparez la semoule selon les indications inscrites sur le paquet.

2. Torréfiez les graines dans une poêle à sec pendant 5 minutes en remuant régulièrement.

3. Rincez les herbes et hachez-les finement.

4. Dans un saladier, mélangez la semoule avec les herbes. Ajoutez les câpres, les graines torréfiées et les petits pois crus. Arrosez ce taboulé de jus de citron et d'un bon filet d'huile d'olive ; salez et poivrez. Servez bien frais.

EMPANADAS AU CAVIAR D'AUBERGINE, *olives et basilic*

POUR 8 PERSONNES
PRÉPARATION : 40 MIN
CUISSON : 55 MIN

450 g de pâte brisée
3 aubergines
2 tomates coupées en dés
50 g d'olives noires dénoyautées et hachées
2 gousses d'ail hachées
4 brins de basilic hachés
5 cl de lait
4 cuillerées à soupe d'huile d'olive
Sel et poivre

1. Préchauffez le four à 180 °C (th. 6). Piquez les aubergines avec une fourchette en plusieurs endroits et déposez-les dans un plat allant au four. Enfournez et faites cuire 30 minutes en retournant les aubergines une fois.

2. Lorsque les aubergines sont cuites, sortez-les du four et déposez-les aussitôt dans un sac plastique type congélation. Refermez-le et laissez-les tiédir. Épluchez les aubergines, ôtez le pédoncule et coupez la chair en morceaux.

3. Faites chauffer l'huile d'olive dans une poêle puis faites revenir l'ail 2 minutes à feu doux. Ajoutez les dés de tomates et laissez cuire 2 minutes. Déposez la chair d'aubergine et faites cuire à feu moyen jusqu'à ce que la préparation ait perdu une grande partie de son eau. Hors du feu, incorporez les olives et le basilic. Assaisonnez et laissez refroidir.

4. Sur le plan de travail, abaissez la pâte brisée sur 2 mm d'épaisseur puis découpez des cercles de 8 à 9 cm de diamètre. Déposez un peu de caviar d'aubergine au centre de chaque cercle de pâte. Humidifiez le pourtour avec de l'eau puis rabattez les bords vers le centre et pressez-les. Enfournez pour 25 minutes environ.

SALADE DE LÉGUMES RÔTIS
et herbes croustillantes

POUR 8 PERSONNES
PRÉPARATION : 35 MIN
CUISSON : 30 MIN

6 artichauts
4 courgettes jaunes
2 courgettes vertes
2 citrons
8 brins d'origan frais
8 brins de thym frais
8 feuilles de basilic
8 brins de marjolaine fraîche
Huile d'olive
Sel et poivre

1. Tournez les artichauts : coupez la queue à 3 cm de la base. Coupez l'extrémité des feuilles et retirez les deux premières couches. Avec un petit couteau pointu, tournez autour du cœur jusqu'à atteindre les feuilles les plus tendres. Coupez les artichauts en deux et retirez le foin. Citronnez-les. Préchauffez le four à 190 °C (th. 6-7).

2. Lavez les courgettes et coupez-les en rondelles de 1 cm d'épaisseur. Déposez-les sur une plaque de cuisson recouverte de papier sulfurisé. Ajoutez les artichauts. Salez et poivrez le tout puis arrosez d'un filet d'huile d'olive. Enfournez et faites cuire 25 à 30 minutes. Laissez refroidir complètement.

3. Lavez et effeuillez les herbes. Faites chauffer un fond d'huile d'olive dans une poêle puis faites frire les herbes quelques secondes (l'huile ne doit pas être trop chaude, car les herbes brûlent rapidement).

4. Mélangez les légumes aux herbes. Vérifiez l'assaisonnement en sel et poivre et servez aussitôt.

VITELLO TONNATO

POUR 8 PERSONNES
PRÉPARATION : 30 MIN
CUISSON : 2 H

1,6 kg de noix de veau en rôti
2 carottes
1 branche de céleri
1 oignon blanc
1 feuille de laurier
50 cl de vin blanc sec de qualité
3 cuillerées à soupe d'huile d'olive

Sauce au thon :
300 g de ventrèche de thon de qualité
3 anchois à l'huile
50 g de câpres
4 jaunes d'œufs
Le jus de 2 citrons
1 cuillerée à soupe de moutarde
15 cl d'huile d'olive
10 cl d'huile de tournesol
Sel et poivre

1. Épluchez les carottes et effilez le céleri ; coupez le tout en petits dés. Pelez et émincez l'oignon.

2. Faites chauffer l'huile d'olive dans une cocotte puis faites revenir la garniture avec la feuille de laurier 5 minutes à feu moyen. Déposez la noix de veau dans la cocotte et faites-la dorer sur toutes les faces. Versez le vin et laissez-le s'évaporer. Recouvrez la viande d'eau bouillante jusqu'à mi-hauteur et faites cuire à feu doux sous couvert pendant 2 heures en retournant le veau régulièrement. Sortez-le ensuite de la cocotte et laissez-le refroidir complètement.

3. Pendant ce temps, préparez la sauce au thon : dans un bol, battez les jaunes d'œufs avec la moutarde et le jus des citrons. Ajoutez l'huile d'olive et l'huile de tournesol en filet sans cesser de fouetter afin de faire monter la mayonnaise.

4. Égouttez la ventrèche puis mixez-la avec la mayonnaise, les anchois et les câpres en ajoutant une petite louche de bouillon de cuisson du veau. Vérifiez l'assaisonnement.

5. Coupez le veau refroidi en très fines tranches et servez-le avec la sauce au thon et une salade croquante.

TOURTE AUX POMMES DE TERRE, *asperges et morilles*

POUR 8 PERSONNES
PRÉPARATION : 40 MIN
CUISSON : 1 H 15

500 g de pâte feuilletée
1 kg de pommes de terre à chair fondante
4 asperges blanches
150 g de morilles fraîches
2 oignons nouveaux hachés
1 échalote hachée
1 petit bouquet de cerfeuil
25 cl de crème fleurette
20 g de beurre
2 cuillerées à soupe d'huile de noisette
Sel et poivre

1. Préchauffez le four à 190 °C (th. 6-7). Lavez les asperges et ôtez l'extrémité fibreuse. Émincez-les très finement à l'aide d'une mandoline. Blanchissez-les 3 minutes dans une casserole d'eau bouillante salée. Égouttez-les. Épluchez les pommes de terre et coupez-les en fines rondelles. Mélangez les oignons et le cerfeuil dans un saladier avec les pommes de terre, l'huile de noisette, du sel et du poivre.

2. Étalez la moitié de la pâte feuilletée puis placez-la dans un moule à tourte. Piquez la pâte puis déposez une couche de pommes de terre, puis une couche d'asperges. Alternez ainsi les couches. Étalez l'autre moitié de pâte feuilletée puis recouvrez-en les légumes en soudant bien les bords. Faites un petit trou au centre et glissez un cylindre en papier sulfurisé pour réaliser une cheminée. Enfournez 30 minutes puis 30 minutes à 170 °C (th. 5-6).

3. Dans une poêle, faites suer l'échalote dans le beurre. Ajoutez les morilles et faites cuire 5 minutes à feu moyen. Versez la crème fleurette et portez à ébullition. Baissez ensuite le feu et laissez cuire 10 minutes. Mixez pour obtenir une crème onctueuse, salez et poivrez. Réservez au chaud.

4. Démoulez la tourte et versez la crème par la cheminée.

LASAGNES *végétariennes*

POUR 8 PERSONNES
PRÉPARATION : 30 MIN
CUISSON : 25 MIN

1 paquet de lasagnes
800 g de blettes
500 g d'épinards
2 gousses d'ail
400 g de fromage de chèvre frais
1 fromage de chèvre cendré
30 cl de crème fleurette
20 cl de lait
Huile d'olive
Sel et poivre

1. Séparez le vert des côtes de blettes. Lavez le vert des blettes et les épinards puis hachez-les grossièrement. Pelez et hachez l'ail.

2. Dans une sauteuse, faites chauffer un filet d'huile d'olive puis faites revenir l'ail 2 minutes à feu doux. Ajoutez les blettes et les épinards, couvrez et laissez fondre. Lorsque les feuilles sont bien tombées, ôtez le couvercle et laissez cuire jusqu'à ce que l'eau de végétation soit évaporée. Réservez. Préchauffez le four à 200 °C (th. 6-7).

3. Dans une casserole, faites fondre le fromage de chèvre frais coupé en morceaux avec la crème fleurette, du sel et du poivre afin d'obtenir une préparation bien homogène. Dans un plat à gratin huilé, versez une fine couche de crème au fromage. Déposez une couche de lasagnes et recouvrez de crème au fromage. Ajoutez le mélange de légumes. Recommencez l'opération en terminant par une couche de crème au fromage. Parsemez la surface de morceaux de fromage de chèvre cendré.

4. Enfournez le plat 25 minutes et faites cuire jusqu'à ce que le dessus soit doré. Accompagnez ces lasagnes d'une salade verte.

FRITTATA
aux fleurs de courgettes et ricotta

POUR 8 PERSONNES
PRÉPARATION : 20 MIN
CUISSON : 15 À 20 MIN

16 fleurs de courgette
250 g de ricotta
16 œufs
4 oignons à tige
½ bouquet de ciboulette
2 cuillerées à soupe d'huile d'olive
Sel et poivre

1. Préchauffez le four à 150 °C (th. 5). Lavez et hachez les oignons à tige. Lavez et hachez la ciboulette. Rincez les fleurs de courgette puis ôtez le pistil en dépliant délicatement les pétales.

2. Dans un bol, mélangez la ricotta et la ciboulette. Salez légèrement. Déposez 1 cuillerée à café de ce mélange dans chaque fleur de courgette.

3. Dans un saladier, battez les œufs avec du sel, du poivre et 1 bonne cuillerée à soupe de mélange à la ricotta.

4. Faites chauffer l'huile d'olive dans une grande poêle allant au four puis faites revenir les oignons jusqu'à ce qu'ils soient tendres. Versez les œufs, déposez aussitôt les fleurs de courgette farcies par-dessus et ajoutez le reste de ricotta à la ciboulette. Faites cuire 2 minutes à feu moyen. Enfournez ensuite la poêle et laissez cuire 15 à 20 minutes. Servez aussitôt.

GRATIN DE RAVIOLES, *poireaux et gorgonzola*

POUR 8 PERSONNES
PRÉPARATION : 30 MIN
CUISSON : 25 À 30 MIN

3 paquets de ravioles (750 g)
4 poireaux
300 g de gorgonzola
60 cl de crème fleurette
50 g de parmesan râpé
2 cuillerées à soupe d'huile d'olive
Sel et poivre
Beurre pour le plat

1. Ôtez l'extrémité dure des poireaux, lavez-les, coupez-les en deux puis émincez-les.

2. Dans une sauteuse, faites chauffer l'huile d'olive puis faites fondre les poireaux sous couvert à feu moyen, en remuant régulièrement, jusqu'à ce qu'ils soient bien tendres. Ajoutez 10 cl de crème fleurette, salez, poivrez et mélangez. Poursuivez la cuisson 2 minutes à feu doux. Réservez. Préchauffez le four à 180 °C (th. 6).

3. Coupez 250 g de gorgonzola en morceaux et déposez-les dans une casserole avec le reste de crème fleurette. Portez doucement à ébullition en mélangeant bien pour que le fromage fonde. Salez si besoin et poivrez. Laissez réduire légèrement cette sauce.

4. Déposez un quart des poireaux dans le fond d'un plat à gratin beurré. Recouvrez de sauce au fromage puis ajoutez une couche de ravioles. Poursuivez en alternant ainsi les poireaux, la sauce et les ravioles. Terminez en ajoutant des petits morceaux de gorgonzola et le reste de sauce. Saupoudrez de parmesan râpé. Enfournez et faites cuire 25 à 30 minutes. Servez bien chaud.

TARTE FINE AUX TOMATES *et moutarde*

POUR 8 PERSONNES
PRÉPARATION : 15 MIN
CUISSON : 30 MIN

1 pâte feuilletée pur beurre de bonne qualité
1 grosse tomate ananas
1 grosse tomate cœur-de-bœuf
1 grosse tomate noire de Crimée
3 cuillerées à soupe de moutarde forte
150 g de fromage râpé (cantal, gruyère, parmesan…)
2 cuillerées à soupe d'huile d'olive
Sel et poivre

1. Préchauffez le four à 190 °C (th. 6-7). Foncez un moule à tarte avec la pâte feuilletée. Piquez-la avec les dents d'une fourchette et badigeonnez-la de moutarde. Parsemez le fond de fromage râpé.
2. Lavez les tomates et coupez-les en fines rondelles. Déposez-les sur le fond de pâte de façon harmonieuse. Arrosez d'huile d'olive, salez et poivrez.
3. Enfournez la tarte et faites cuire 30 minutes. Dégustez-la tiède ou froide agrémentée de pesto et accompagnée d'une salade.

COURGES FARCIES
aux céréales et fromage à l'indienne

POUR 8 PERSONNES
PRÉPARATION : 30 MIN
CUISSON : 1 H 10

2 belles courges butternut
250 g de céréales au choix (boulgour, quinoa, millet) cuite (voir les indications sur le paquet)
200 g de fromage de brebis frais (type feta)
1 aubergine coupée en deux
40 g de jeunes pousses d'épinards
50 g de pois chiches cuits
30 g de raisins secs
1 oignon rouge
1 gousse d'ail
½ bouquet de coriandre
1 piment doux épépiné
2 cuillerées à soupe de curry en poudre jaune
20 cl de lait de coco
Huile d'olive
Sel et poivre

1. Préchauffez le four à 190 °C (th. 6-7). Salez l'aubergine et laissez-la dégorger.

2. Lavez les courges, coupez-les en deux et badigeonnez la chair d'huile d'olive. Déposez-les dans un plat allant au four et recouvrez-les de papier d'aluminium. Enfournez pour 1 heure.

3. Pelez et hachez l'oignon et l'ail. Faites-les revenir avec le piment 5 minutes dans une sauteuse avec un filet d'huile d'olive en ajoutant le curry. Rincez et égouttez les dés d'aubergine. Déposez-les dans la sauteuse en ajoutant 1 cuillerée à soupe d'huile d'olive et faites-les rissoler quelques minutes. Couvrez et laissez cuire 10 minutes à feu doux en mélangeant de temps en temps. Incorporez ensuite les raisins, les pois chiches et les pousses d'épinards. Continuez la cuisson 5 minutes à couvert à feu doux. Versez le lait de coco et laissez réduire.

4. Mélangez cette préparation aux céréales égouttées. Salez, poivrez et laissez refroidir. Ajoutez ensuite le fromage coupé en dés et mélangez. Sortez les courges du four et creusez le tronc. Garnissez-les de farce d'aubergine aux céréales. Remettez-les au four 10 minutes. Parsemez les courges de coriandre. Coupez-les en morceaux et dégustez.

PIZZA AU BLEU, *mozzarella et artichaut*

POUR 8 PERSONNES
PRÉPARATION : 10 MIN
CUISSON : 15 MIN

2 boules de pâte à pizza
150 g de bleu de brebis
2 boules de mozzarella fumée
150 g d'artichauts confits à l'huile
6 feuilles de sauge
20 cl de crème fraîche épaisse
Sel et poivre

1. Préchauffez le four à 240 °C (th. 8).
2. Dans un bol, mélangez la crème fraîche avec la sauge ciselée, du sel et du poivre. Abaissez finement les pâtes à pizza et tartinez-les de crème à la sauge.
3. Coupez le bleu et la mozzarella en morceaux puis répartissez-les sur les pizzas. Ajoutez les artichauts confits coupés en dés.
4. Enfournez les pizzas et faites cuire 15 minutes. Servez-les accompagnées d'une salade de roquette à l'huile d'olive.

PARMENTIER DE HADDOCK *au chou vert*

POUR 8 PERSONNES
PRÉPARATION : 35 MIN
CUISSON : 55 MIN

1 kg de haddock
500 g de chou vert
1,5 kg de pommes de terre à chair farineuse
1 bouquet de ciboulette ciselé
1,2 litre de lait
30 cl de crème fleurette
60 g de beurre + quelques dés
Sel et poivre

1. Dans une casserole, versez 1 litre de lait et 1 litre d'eau. Plongez le haddock et faites chauffer jusqu'à l'ébullition. Éteignez le feu et laissez pocher le poisson 15 minutes.

2. Pendant ce temps, lavez les pommes de terre et faites-les cuire 15 minutes dans une casserole d'eau bouillante salée. Égouttez-les et épluchez-les. Passez-les au presse-purée puis ajoutez le reste de lait chaud et 30 g de beurre. Mélangez.

3. Lavez le chou et émincez-le en fines lanières. Faites-les cuire dans une sauteuse avec le reste de beurre 10 minutes à couvert à feu doux. Salez et poivrez.

4. Préchauffez le four à 180 °C (th. 6).

5. Égouttez le haddock et émiettez la chair. Dans une casserole, faites bouillir la crème fleurette avec la ciboulette jusqu'à ce que la sauce épaississe ; salez. Mélangez un quart de cette sauce à la purée et le reste au haddock.

6. Dans un plat à gratin, déposez le haddock à la crème. Ajoutez dessus la tombée de chou vert puis recouvrez avec la purée. Parsemez quelques dés de beurre. Enfournez et faites cuire 30 minutes. Servez aussitôt.

BOULETTES DE PORC, *citron et sauge, purée de potiron*

POUR 8 PERSONNES
PRÉPARATION : 30 MIN
CUISSON : 40 MIN

1,3 kg de porc haché
Le zeste et le jus de 3 citrons
2 œufs
50 g de parmesan râpé
80 g de pain rassis
2 échalotes
4 gousses d'ail
10 feuilles de sauge fraîche
10 brins de persil plat ciselé
25 cl de lait
3 cuillerées à soupe d'huile d'olive
Sel et poivre

Purée :
1 kg de potiron
400 g de pommes de terre
1 pincée de coriandre en poudre
50 g de beurre

1. Épluchez le potiron et les pommes de terre ; coupez le tout en gros cubes et rincez-les. Faites-les cuire 20 minutes dans une casserole d'eau bouillante salée. Pendant ce temps, préchauffez le four à 230 °C (th. 7-8).

2. Badigeonnez une plaque de cuisson avec 2 cuillerées à soupe d'huile d'olive et réservez. Faites tremper le pain rassis dans le lait. Essorez-le.

3. Pelez et hachez les échalotes et l'ail. Faites-les revenir ensemble dans une poêle avec le reste d'huile 3 minutes. Battez les œufs dans un saladier. Ajoutez le pain essoré, le zeste et le jus de citron, le parmesan et la sauge hachée. Battez à nouveau puis incorporez le mélange ail-oignons et le porc haché. Salez et poivrez.

4. Avec la préparation, formez des boulettes de 4 cm de diamètre puis placez-les sur la plaque de cuisson, bien serrées les unes contre les autres. Enfournez et faites cuire 12 à 15 minutes.

5. Faites cuire le potiron les pommes de terres. Égouttez les légumes. Passez-les au presse-purée. Ajoutez le beurre et la coriandre. Mélangez et assaisonnez. Parsemez les boulettes de persil et servez.

RÔTI DE BŒUF *et aligot*

POUR 8 PERSONNES
REPOS : 1 H
PRÉPARATION : 30 MIN
CUISSON : 55 MIN

1 rôti de bœuf de 1,5 kg
½ tête d'ail
10 brins de thym frais
50 g de beurre
+ un peu pour la plaque
Fleur de sel
Poivre

Aligot :
2 kg de pommes de terre
à chair farineuse (type bintje)
800 g de tomme fraîche
2 gousses d'ail
40 cl de crème fraîche
épaisse
Sel et poivre

Astuce
Sortez le rôti du réfrigérateur 1 heure avant de commencer la cuisson. Il sera plus tendre.

1. Préchauffez le four à 200 °C (th. 6-7). Déposez le rôti sur une plaque de cuisson beurrée. Frottez-le avec la tête d'ail puis éparpillez dessus le beurre coupé en dés et le thym effeuillé. Placez la tête d'ail sur le côté du rôti. Enfournez et faites cuire 35 à 45 minutes (comptez 10 minutes par livre pour un rôti saignant, 15 minutes si vous l'aimez à point).

2. Pendant ce temps, préparez l'aligot : épluchez et lavez les pommes de terre puis coupez-les en cubes. Faites-les cuire dans une casserole d'eau salée avec les gousses d'ail pendant 15 à 20 minutes.

3. Coupez la tomme fraîche en petits morceaux ou râpez-la. Lorsque les pommes de terre sont cuites, égouttez-les puis écrasez-les encore chaudes. Déposez la purée obtenue dans une casserole. Ajoutez la crème fraîche et les morceaux de tomme ; mélangez vivement à feu doux de manière à ce qu'ils s'incorporent petit à petit à la purée. Salez et poivrez.

4. Assaisonnez le rôti de fleur de sel et de poivre. Coupez-le en fines tranches et servez-le aussitôt avec l'aligot.

CHAPON FARCI *aux marrons*

POUR 8 PERSONNES
PRÉPARATION : 30 MIN
CUISSON : 2 H 45

1 chapon fermier de 3 kg
300 g de boudins blancs
100 g de marrons cuits coupés en dés
3 échalotes
1 bouquet de persil plat ciselé
3 litres de bouillon de volaille
3 cl de cognac
20 g de beurre
Sel et poivre

Accompagnement :
1 kg de marrons cuits
80 g de beurre
2 cuillerées à soupe de sucre semoule

1. Préparez la farce : pelez et émincez les échalotes. Enlevez la peau des boudins et coupez-les en rondelles.

2. Dans une sauteuse, faites revenir les échalotes avec le beurre à feu moyen. Ajoutez les marrons, le persil et le cognac. Mélangez le tout. Incorporez les rondelles de boudins. Salez et poivrez la farce ainsi que l'intérieur du chapon et farcissez-le. Refermez à l'aide d'une aiguille et de ficelle de cuisine.

3. Dans un grand faitout, portez le bouillon de volaille à ébullition. Plongez le chapon et faites-le cuire à petits bouillons pendant 45 minutes. Égouttez le chapon (réservez le bouillon). Préchauffez le four à 180 °C (th. 6).

4. Placez le chapon dans un plat allant au four. Enfournez et faites cuire pendant 2 heures en l'arrosant régulièrement de bouillon chaud.

5. Préparez l'accompagnement : dans une sauteuse, faites revenir les marrons avec le beurre puis versez 2 louches de bouillon chaud par-dessus. Laissez chauffer à feu doux, jusqu'à ce que les marrons aient absorbé le bouillon. Saupoudrez-les de sucre et mélangez. Servez le chapon avec les marrons.

COQ AU VIN JAUNE
et morilles

POUR 8 PERSONNES
PRÉPARATION : 50 MIN
REPOS : 2 JOURS + 2 NUITS
CUISSON : 2 H 50

1 coq de 3 kg (demandez à votre volailler de le découper)
200 g de morilles fraîches ou 100 g de morilles séchées
1,5 l de chardonnay
60 cl de vin jaune
60 cl de crème liquide
30 g de beurre
Sel et poivre

Astuce
Si vous utilisez des morilles séchées, réhydratez-les en les faisant tremper toute une nuit dans un récipient d'eau tiède.

1. Deux jours avant, faites mariner les morceaux de coq dans le chardonnay et 30 cl de vin jaune. Réservez 1 nuit au réfrigérateur.

2. La veille, préchauffez le four à 150 °C (th. 5). Égouttez la volaille, salez et poivrez les morceaux. Faites fondre 20 g de beurre dans une cocotte et faites dorer les morceaux de coq. Débarrassez la volaille et déglacez la cocotte avec la marinade. Remettez les morceaux de volaille dans la cocotte et versez du chardonnay jusqu'à les recouvrir. Couvrez et enfournez pour 2 heures 30. Débarrassez la volaille et faites refroidir la sauce. Réservez au frais.

3. Le jour même, éliminez la graisse de la sauce. Égouttez les morilles si besoin en conservant l'eau de trempage. Faites fondre 10 g de beurre dans une casserole et faites revenir les morilles. Déglacez avec un peu d'eau filtrée dans laquelle les champignons se sont réhydratés. Ajoutez les morilles dans la cocotte de sauce avec les morceaux de coq et laissez frémir 10 minutes.

4. Versez la crème liquide et le vin jaune restant. Laissez réduire quelques minutes. Vérifiez l'assaisonnement et dégustez.

AGNEAU CONFIT AU FOUR
et polenta aux herbes

POUR 8 PERSONNES
PRÉPARATION : 20 MIN
CUISSON : 3 H 30

2 épaules ou 1 gigot d'agneau
350 g de semoule de maïs pour polenta
½ bouquet de ciboulette
½ bouquet d'estragon
½ bouquet de cerfeuil
1 tête d'ail
1 cuillerée à soupe de mascarpone ou de crème fraîche
5 cuillerées à soupe d'huile d'olive
Sel et poivre

1. Préchauffez le four à 150 °C (th. 5). Faites chauffer 3 cuillerées à soupe d'huile d'olive dans une grande sauteuse puis faites dorer la viande 3 à 4 minutes de tous côtés à feu vif.

2. Déposez la viande sur une plaque de cuisson recouverte de papier sulfurisé. Salez et poivrez de chaque côté. Versez 20 cl d'eau dans le fond de la plaque puis ajoutez la tête d'ail coupée en deux. Placez une feuille d'aluminium sur la viande de manière à recouvrir entièrement la plaque. Enfournez et faites cuire pendant 3 heures en arrosant la viande de temps en temps avec son jus de cuisson.

3. Préparez la polenta : dans une casserole, portez à ébullition 1,4 litre d'eau avec 1 cuillerée à café de sel et le reste d'huile d'olive. Versez la semoule en pluie et mélangez avec une cuillère en bois. Faites cuire quelques minutes (selon les indications du paquet).

4. Lavez et hachez finement les herbes puis mélangez-les à la polenta cuite. Incorporez le mascarpone (ou la crème fraîche). Servez avec l'agneau confit.

SALADE DE LÉGUMES VERTS *aux œufs de caille*

POUR 10 PERSONNES
PRÉPARATION : 25 MIN
CUISSON : 15 MIN

300 g de haricots verts
300 g de petits pois écossés
300 g de pois gourmands
300 g de fèves écossées
1 botte d'asperges
20 œufs de caille
2 cuillerées à soupe de moutarde à l'ancienne
1 cuillerée à soupe de vinaigre
6 cuillerées à soupe d'huile d'olive
Sel et poivre

1. Faites cuire les œufs de caille 4 minutes dans une casserole d'eau bouillante. Plongez-les dans un bol d'eau froide et laissez-les refroidir.

2. Lavez tous les légumes. Ôtez l'extrémité fibreuse des asperges et taillez le reste de la tige en tronçons de 3 à 4 cm. Équeutez les haricots verts.

3. Portez à ébullition un grand faitout d'eau salée. Plongez les haricots. Au bout de 2 minutes, ajoutez les asperges et faites cuire 3 minutes. Ajoutez ensuite les petits pois, les fèves et les pois gourmands et faites cuire 5 minutes supplémentaires. Récupérez tous les légumes et plongez-les aussitôt dans un saladier d'eau très froide. Égouttez-les. Écalez les œufs et coupez-les en deux.

4. Dans un bol, émulsionnez l'huile avec le vinaigre, la moutarde, du sel et du poivre.

5. Dans un saladier, déposez les légumes et les œufs. Arrosez de vinaigrette et mélangez. Servez aussitôt.

BELLES BRUSCHETTAS
à la caponata

POUR 10 PERSONNES
REPOS : 1 H
PRÉPARATION : 20 MIN
CUISSON : 20 MIN

10 grandes tranches de pain de campagne au levain
4 aubergines coupées en cubes
4 tiges de céleri
4 poignées d'olives vertes dénoyautées
400 g de pulpe de tomates concassées en conserve
1 poignée de raisins secs
4 cuillerées à soupe de pignons de pin
1 oignon
Quelques brins de basilic
3 cuillerées à soupe de câpres
20 cl de vinaigre balsamique
Huile d'olive
2 cuillerées à soupe de sucre en poudre
Sel et poivre

1. Versez les aubergines dans une passoire, salez-les et laissez-les reposer 1 heure.

2. Pendant ce temps, lavez et effeuillez le basilic. Coupez les feuilles en lanières. Pelez l'oignon. Hachez-le à la main ou au robot. Faites de même avec le céleri.

3. Dans une sauteuse ou une cocotte, faites revenir l'oignon et le céleri dans de l'huile d'olive, jusqu'à ce qu'ils deviennent translucides. Ajoutez les olives, les raisins secs, les pignons de pin et les câpres. Faites revenir le tout 1 minute.

4. Ajoutez ensuite les tomates, les lanières de basilic, du sel et du poivre. Faites cuire le tout 10 minutes. Ajoutez le vinaigre et le sucre, puis laissez cuire jusqu'à l'évaporation du liquide.

5. Rincez les aubergines et faites-les revenir à l'huile d'olive dans une poêle, jusqu'à ce qu'elles soient tendres. Ajoutez-les dans la préparation à la tomate et faites cuire 5 minutes. Laissez refroidir.

6. Au moment de servir, faites dorer les tranches de pain à l'aide d'un grille-pain ou sous le gril du four. Tartinez-les généreusement de caponata et servez.

FINGERS AUX PRUNEAUX
et au munster

POUR 20 FINGERS ENVIRON
PRÉPARATION : 20 MIN
CUISSON : 20 MIN

8 pruneaux moelleux
400 g de pâte feuilletée (en pâton, si possible)
150 g de munster
1 cuillerée à soupe de graines de cumin ou de carvi
1 jaune d'œuf
3 cuillerées à soupe de lait

1. Dénoyautez les pruneaux et détaillez-les en morceaux. Dans une tasse, délayez le jaune d'œuf avec le lait. Coupez le munster en petites tranches puis recoupez chaque tranche en deux.

2. Préchauffez le four à 180 °C (th. 6). Coupez la pâte feuilletée en deux et formez deux rectangles de 30 × 15 cm environ de 2 mm d'épaisseur.

3. À l'aide d'un pinceau, badigeonnez de jaune d'œuf un rectangle de pâte. Disposez généreusement les morceaux de pruneaux et de munster en lignes sur la pâte en espaçant celles-ci de 6 à 8 mm. Recouvrez le tout avec le second rectangle puis appuyez légèrement dessus entre chaque finger pour souder la pâte.

4. Coupez délicatement entre chaque finger pour les détailler. Déposez-les sur une plaque de cuisson recouverte de papier sulfurisé. Badigeonnez-les de jaune d'œuf puis parsemez-les de graines de cumin ou de carvi.

5. Enfournez les fingers et faites cuire 20 minutes. Laissez-les tiédir avant de déguster.

CRUMBLE TOMATE-COURGETTE *au parmesan*

POUR 10 PERSONNES
PRÉPARATION : 20 MIN
CUISSON : 50 MIN

8 tomates
4 courgettes
200 g de parmesan râpé
Quelques brins de basilic
200 g de farine
4 cuillerées à soupe de vinaigre balsamique
200 g de beurre
Huile d'olive
Sel

1. Coupez les tomates en quatre puis évidez-les. Taillez ensuite la chair en dés. Coupez les courgettes en dés.

2. Faites chauffer un peu d'huile d'olive dans une poêle à feu vif. Faites-y revenir les courgettes avec du sel pendant 10 à 15 minutes, jusqu'à ce qu'elles perdent leur eau. Égouttez-les.

3. Faites également revenir les dés de tomates pendant 10 minutes à feu moyen. Salez et mélangez. Préchauffez le four à 180 °C (th. 6).

4. Versez tous les légumes dans un grand plat allant au four. Arrosez-les de vinaigre balsamique et ajoutez le basilic coupé en fines lanières. Mélangez le tout.

5. Coupez le beurre en cubes. Mettez-les dans le bol d'un mixeur et versez la farine, le parmesan et du sel. Actionnez le robot jusqu'à l'obtention d'une pâte sableuse.

6. Répartissez cette pâte sur les légumes, puis enfournez le crumble pour 30 minutes de cuisson.

LASAGNES *aux tomates confites*

POUR 10 PERSONNES
PRÉPARATION : 30 MIN
CUISSON : 1 H 10

1 kg de viande de bœuf hachée
4 boîtes de concentré de tomates
250 g de tomates confites en bocal (poids égoutté)
800 g de tomates concassées en conserve
Assez de feuilles de pâte à lasagne précuites pour couvrir 4 fois le plat
80 g de parmesan râpé
2 oignons
2 branches de romarin
1 feuille de laurier
2 cuillerées à soupe de sucre en poudre
Huile d'olive
Sel et poivre

Béchamel au chèvre :
150 g de beurre
150 g de farine
1,5 l de lait bien froid
2 fromages de chèvre frais
Sel et poivre

1. Préparez la sauce. Faites fondre le beurre dans une casserole. Ajoutez la farine et faites cuire 2 minutes à feu doux, en remuant. Retirez la casserole du feu et versez-y le lait. Remettez à feu doux et remuez. Dès qu'elle a épaissi, ôtez-la du feu et ajoutez le chèvre coupé en morceaux. Mélangez, salez et poivrez. Préchauffez le four à 180 °C (th. 6).

2. Faites chauffer un peu d'huile à feu moyen dans une grande casserole. Ajoutez les oignons hachés. Salez-les et faites-les cuire de 5 à 10 minutes. Ajoutez la viande hachée et le concentré de tomates. Faites cuire environ 15 minutes en mélangeant.

3. Coupez les tomates confites en petits morceaux. Versez-les dans une casserole avec les tomates concassées, le sucre, le romarin et le laurier. Faites cuire environ 20 minutes à feu doux. Salez. Retirez le romarin et le laurier.

4. Étalez une couche de pâte à lasagne au fond d'un grand plat à gratin. Versez la viande dessus. Remettez une couche de pâte à lasagne et étalez la moitié de la sauce béchamel au chèvre. Recommencez l'opération plusieurs fois. Parsemez le plat de parmesan râpé et enfournez-le pour 20 minutes.

TARTIFLETTE DE FÊTE *à l'huile de truffe*

POUR 10 PERSONNES
PRÉPARATION : 30 MIN
CUISSON : 45 MIN

2,5 kg de pommes de terre
3 oignons
500 g de lardons
2 reblochons
40 cl de vin blanc sec
4 cuillerées à soupe de crème fraîche épaisse
4 cuillerées à soupe d'huile de truffe
Huile
Beurre
Sel et poivre

1. Pelez les pommes de terre et coupez-les en rondelles. Plongez-les dans une casserole d'eau froide salée, puis portez à ébullition et faites-les cuire. Égouttez-les.

2. Épluchez les oignons et coupez-les en deux puis en fines lanières. Préchauffez le four à 210 °C (th. 7).

3. Faites chauffer un trait d'huile à feu moyen dans une poêle, puis faites y revenir les oignons quelques minutes. Ajoutez les lardons et faites-les dorer. Versez ensuite le vin blanc et poursuivez la cuisson jusqu'à ce qu'il n'y ait plus de liquide dans la poêle.

4. Beurrez un plat allant au four. Étalez la moitié des pommes de terre dans le plat. Versez dessus le mélange à base de lardons. Étalez les pommes de terre restantes par-dessus, puis versez la crème fraîche. Arrosez d'huile de truffe.

5. Grattez la croûte des reblochons. Coupez-les en deux dans l'épaisseur. Posez-les sur les pommes de terre, côté croûte au-dessus. Enfournez le plat pour 15 à 20 minutes de cuisson, jusqu'à ce que la croûte du fromage soit bien dorée.

6. Servez la tartiflette avec une salade verte.

GRATIN DE MACARONIS *aux champignons*

POUR 10 PERSONNES
PRÉPARATION : 30 MIN
CUISSON : 40 MIN

800 g de macaronis de bonne qualité
1 kg de champignons de Paris
20 g de cèpes déshydratés
200 g de beaufort
100 g de parmesan râpé
2 gousses d'ail
15 cl de lait
60 cl de crème fleurette
4 cuillerées à soupe d'huile d'olive
Sel et poivre
Beurre pour le plat

1. Épluchez les champignons de Paris, ôtez la base terreuse du pied et passez-les brièvement sous un filet d'eau fraîche. Coupez-les en lamelles. Pelez et écrasez les gousses d'ail.

2. Dans une sauteuse, faites chauffer l'huile d'olive avec l'ail puis faites revenir les champignons de Paris à feu moyen jusqu'à ce qu'ils soient dorés. Salez légèrement et réservez. Mixez finement les cèpes déshydratés. Râpez le beaufort.

3. Plongez les pâtes dans une grande casserole d'eau bouillante salée et faites-les cuire *al dente* (selon les indications du paquet).

4. Préchauffez le four à 200 °C (th. 6-7).

5. Versez la crème fleurette et le lait dans une casserole et portez à ébullition. Ajoutez le beaufort râpé et les cèpes mixés. Mélangez cette crème à l'aide d'un fouet ; salez et poivrez.

6. Égouttez les pâtes et déposez-les dans un plat à gratin beurré. Recouvrez les avec les champignons puis la crème au fromage. Parsemez la surface de parmesan. Enfournez et faites cuire 20 minutes. Servez bien chaud.

PARMENTIER DE CANARD aux patates douces

POUR 10 PERSONNES
PRÉPARATION : 30 MIN
CUISSON : 40 MIN

10 cuisses de canard confites
2 kg de patates douces
4 échalotes
40 cl de vin rouge
120 g de beurre
Sel et poivre

★★★

Astuce
Vous pouvez préparer ce plat à l'avance et le passer au four au dernier moment.

1. Sortez les cuisses de canard de leur graisse, retirez leur peau et récupérez leur chair. Gardez un peu de graisse pour la cuisson. Pelez les échalotes, puis coupez-les en dés.

2. Faites chauffer un peu de graisse de canard dans une cocotte, puis faites-y revenir les échalotes jusqu'à ce qu'elles deviennent translucides. Ajoutez la chair de canard et le vin. Faites cuire le tout jusqu'à ce que le liquide se soit évaporé.

3. Épluchez les patates douces et coupez-les en gros cubes. Faites-les cuire environ 10 minutes dans une casserole d'eau bouillante salée, jusqu'à ce qu'elles soient tendres. Égouttez-les. Écrasez-les à l'aide d'un presse-purée avec le beurre coupé en morceaux. Salez et poivrez à votre goût.

4. Préchauffez le four à 180 °C (th. 6). Étalez la moitié de la purée de patates douces dans un grand plat allant au four. Répartissez la chair de canard cuisinée par-dessus. Recouvrez avec la purée restante.

5. Enfournez pour 20 minutes de cuisson. Servez à la sortie du four.

SAUMON AU FOUR

POUR 10 PERSONNES
PRÉPARATION : 30 MIN
CUISSON : 1 H 15

1 saumon entier d'environ 3 kg (demandez au poissonnier de le vider et de l'écailler)
Le jus et le zeste de 1 citron non traité
4 bulbes de fenouil
30 cl de vin blanc
Quelques brins de ciboulette, de basilic et/ou de coriandre
Huile d'olive
Sel et poivre

1. Récupérez les pluches de fenouil. Coupez les bulbes de ceux-ci en très fines tranches.

2. Faites chauffer un peu d'huile d'olive dans une grande casserole ou une cocotte. Ajoutez-y les tranches de fenouil. Versez le vin blanc et le jus de citron. Salez et poivrez. Couvrez et faites cuire 30 minutes en remuant de temps en temps. Il faut que le fenouil soit tendre. Retirez le couvercle pour les 5 dernières minutes de cuisson.

3. Préchauffez le four à 210 °C (th. 7). Lavez et effeuillez les herbes, puis coupez-les en fines lanières.

4. Farcissez le saumon avec les herbes, les pluches de fenouil, les zestes de citron, du sel et du poivre. Gardez ou non sa tête en fonction de la taille de votre plat. Frottez-le à l'huile d'olive et au sel.

5. Huilez légèrement un plat allant au four. Disposez le saumon dedans. Enfournez le plat pour 15 minutes de cuisson, puis baissez la température à 180 °C (th. 6) et prolongez la cuisson de 30 minutes.

6. Retirez le saumon du plat et posez-le sur une planche. Ôtez délicatement la peau d'un côté, puis retournez-le et éliminez la peau de l'autre côté avant de le servir avec le fenouil.

RIBS DE PORC
sauce hoisin et potiron grillé

POUR 10 PERSONNES
PRÉPARATION : 30 MIN
REPOS : 2 H
CUISSON : 2 H 40

3 kg de travers de porc
2 kg de potiron
2 gousses d'ail
1 cuillerée à café de cumin en poudre
1 cuillerée à café de coriandre en poudre
1 cuillerée à café de paprika
½ cuillerée à café de gingembre en poudre
Huile d'olive
Sel et poivre

Sauce hoisin :
4 cuillerées à soupe de beurre de cacahuètes
2 cuillerées à soupe de ketchup
4 cuillerées à soupe de sirop d'érable
6 cuillerées à soupe de sauce soja
4 cuillerées à soupe de vinaigre de vin blanc
4 cuillerées à soupe d'eau
Sel et poivre

1. Préparez les ribs : retirez la membrane se trouvant sur le côté osseux des travers. Pelez et écrasez l'ail puis mélangez-le dans un bol avec les épices et 1 cuillerée à soupe de sel. Saupoudrez ce mélange sur la viande. Roulez les travers dans du film alimentaire et placez-les 2 heures au réfrigérateur.

2. Préchauffez le four à 180 °C (th. 6). Déposez les travers sur une plaque de cuisson huilée et recouvrez-les de papier d'aluminium. Enfournez pour 2 heures.

3. Lavez le potiron, ôtez les graines et coupez-le en fines tranches. Déposez-les sur une plaque de cuisson recouverte de papier sulfurisé et badigeonnez-les d'huile d'olive à l'aide d'un pinceau. Poivrez et salez légèrement. Enfournez et faites-les griller 30 minutes.

4. Préparez la sauce hoisin en mélangeant tous les ingrédients dans un bol. Badigeonnez les travers cuits de sauce hoisin et remettez-les au four 10 minutes de chaque côté pour qu'ils caramélisent.

5. Coupez les travers et servez-les avec le reste de sauce et le potiron grillé.

MARMITE DE PALERON
à la bière

POUR 10 PERSONNES
PRÉPARATION : 20 MIN
CUISSON : 3 H 30

2 kg de paleron de bœuf
1 l de bière ambrée
4 tranches de pain de campagne
10 carottes
3 oignons
1 bouquet garni
Quelques baies de genièvre
2 cuillerées à soupe de moutarde forte
6 cuillerées à soupe de vinaigre de cidre
Huile
3 cuillerées à soupe de vergeoise ou de sucre roux
Sel et poivre

***

1. Coupez le paleron en gros morceaux. Faites-les dorer à l'huile dans une poêle. Mettez-les de côté.
2. Écrasez légèrement les baies de genièvre avec une casserole ou un pilon. Pelez les oignons et les carottes. Coupez les carottes en quatre dans la longueur afin d'obtenir de gros bâtonnets, puis divisez-les en deux pour les raccourcir. Taillez les oignons en dés.
3. Faites revenir les oignons avec du sel dans la même poêle que celle ayant servi à dorer la viande. Ils doivent devenir translucides.
4. Tartinez les tranches de pain de campagne de moutarde. Étalez-les dans le fond d'une cocotte. Ajoutez par-dessus les oignons et la viande. Versez la bière, puis ajoutez les carottes, les baies de genièvre, le bouquet garni et la vergeoise. Salez et poivrez. Couvrez la cocotte et faites mijoter 2 heures à petit feu. Retirez le couvercle et faites cuire encore 1 heure.
5. Versez le vinaigre et laissez cuire 10 minutes supplémentaires. Au moment de servir, retirez le bouquet garni.

Astuce
Pour les gros appétits, vous pouvez servir ce plat avec des pâtes.

BOULETTES À LA SEMOULE

POUR 10 PERSONNES
PRÉPARATION : 30 MIN
CUISSON : 30 MIN

1,5 kg de viande de bœuf hachée
600 g de semoule de blé moyenne
2 citrons confits
1,2 kg de tomates pelées en conserve
2 poignées de raisins secs
3 œufs
3 oignons
1 bouquet de menthe
1 bouquet de coriandre
100 g de chapelure
Paprika en poudre
Huile d'olive
Sel et poivre

★★★

Astuce

Vous pouvez préparer et cuire les boulettes à l'avance. Au moment de servir, réchauffez-les dans la sauce et faites cuire la semoule.

1. Coupez les citrons confits en quatre. Jetez la pulpe et coupez la peau en petits dés. Versez les tomates, les raisins secs et les dés de citron confit dans une casserole. Couvrez et faites cuire 30 minutes à petits bouillons.

2. Pelez les oignons et hachez-les à l'aide d'un robot ménager. Lavez et effeuillez les herbes, puis coupez-les en fines lanières.

3. Cassez les œufs dans un saladier. Ajoutez la viande hachée, les oignons, les herbes, la chapelure, un peu de paprika, du sel et du poivre. Mélangez le tout avec les mains et formez 10 boulettes.

4. Faites cuire la semoule en suivant les indications sur l'emballage.

5. Pendant ce temps, faites chauffer de l'huile d'olive à feu moyen dans une poêle. Faites-y dorer les boulettes pendant environ 15 minutes. Procédez en plusieurs fois si nécessaire. Servez les boulettes avec la sauce tomate et la semoule.

BAECKEOFFE

POUR 10 PERSONNES
PRÉPARATION : 30 MIN
REPOS : 24 H
CUISSON : 2 H 30

1 kg d'échine de porc
1 kg de gîte de bœuf taillé
500 g d'épaule d'agneau désossée
1,5 kg de pommes de terre
3 oignons émincés
3 carottes en rondelles
2 blancs de poireaux
3 brins de thym
2 feuilles de laurier
100 g de farine
1 cuillerée à soupe d'eau
20 g de saindoux
Sel et poivre

Marinade :
2 bouteilles de riesling
1 oignon piqué d'un clou de girofle
2 gousses d'ail dégermées et écrasées
4 feuilles de laurier
5 brins de thym
2 branches de romarin
3 baies de genièvre
5 grains de poivre

1. La veille, coupez la viande en gros cubes. Assemblez les viandes dans un grand plat avec les ingrédients de la marinade. Filmez et placez au frais 24 heures.

2. Égouttez les viandes et gardez le jus de marinade filtré de la garniture aromatique. Épluchez les pommes de terre et coupez-les en rondelles de 5 mm. Émincez les blancs de poireaux.

3. Préchauffez le four à 210 °C (th. 7). Graissez une terrine avec du saindoux. Déposez une couche d'oignons, une couche avec la moitié des pommes de terre, toutes les carottes et tous les poireaux, salez et poivrez. Disposez une couche de viande bien serrée, salez et poivrez. Terminez en rangeant le reste de pommes de terre. Salez, poivrez et déposez le thym et le laurier. Versez le jus de marinade de façon qu'il affleure les pommes de terre.

4. Couvrez la terrine et soudez-la avec un mélange de farine et d'eau. Faites cuire 1 heure 30 à 210 °C (th. 7) puis 1 heure à 180 °C (th. 6).

SAUCISSE AU COUTEAU
et légumes grillés

POUR 10 PERSONNES
PRÉPARATION : 40 MIN
MARINADE : 2 H
REPOS : 1 H
CUISSON : 45 MIN

2 kg de saucisse fraîche au couteau
10 pommes de terre moyennes à chair fondante
4 poivrons rouges épépinés et coupés en quatre
2 courgettes émincées
1 aubergine émincée
4 tomates cœur-de-bœuf coupées en deux
4 oignons nouveaux coupés en deux
1 gousse d'ail
5 brins de persil plat
5 brins de basilic
5 brins de thym frais
2 cuillerées à café de romarin moulu
100 g de beurre
Huile d'olive
Sel et poivre

1. Roulez la saucisse en escargot et maintenez-la ainsi avec deux grandes piques en bois. Déposez-la dans un plat creux. Ajoutez dessus 15 cl d'huile d'olive et le romarin. Laissez mariner au réfrigérateur pendant 2 heures minimum.
2. Arrosez les légumes (sauf les pommes de terre) d'huile d'olive et salez. Laissez reposer 1 heure.
3. Pelez la gousse d'ail. Lavez le persil et le basilic puis mixez-les avec le beurre et l'ail. Réservez ce beurre parfumé au réfrigérateur. Placez chaque pomme de terre sur un carré de papier d'aluminium et arrosez-la d'un filet d'huile d'olive. Saupoudrez de sel et de brindilles de thym. Refermez les papillotes.
4. Lorsque le barbecue est bien chaud, déposez les papillotes dans la braise et faites-les cuire 45 minutes en les retournant à mi-cuisson.
5. Déposez saucisse marinée sur la grille du barbecue et faites-la cuire 8 à 10 minutes de chaque côté. Répartissez les légumes autour et faites-les griller 2 à 4 minutes de chaque côté.
6. Retirez le papier d'aluminium des pommes de terre. Coupez-les en deux et ajoutez au centre une noisette de beurre parfumé. Servez-les avec la saucisse et les légumes.

OSSO BUCO À LA TOMATE
et aux agrumes

POUR 10 PERSONNES
PRÉPARATION : 30 MIN
CUISSON : 1 H 50

10 rouelles de jarret de veau
2 grosses boîtes de tomates pelées concassées
1 orange non traitée
2 citrons non traités
2 carottes
2 oignons
1 branche de céleri
6 brins de thym frais
2 feuilles de laurier
½ bouquet de persil plat
120 g de farine (facultatif)
25 cl de vin blanc
1 litre de bouillon de volaille
80 g de beurre
6 cuillerées à soupe d'huile d'olive
Sel et poivre

1. Pelez et hachez finement les oignons et les carottes. Coupez le céleri en tout petits dés. Incisez le pourtour des rouelles de veau pour éviter qu'elles ne s'incurvent à la cuisson puis farinez-les des deux côtés.

2. Dans une grande cocotte, faites chauffer le beurre et l'huile d'olive puis faites dorer les morceaux de veau 3 à 4 minutes de chaque côté à feu vif (procédez en plusieurs fois). Débarrassez la viande sur un plat. Salez et poivrez.

3. Dans la cocotte, faites dorer l'oignon, le céleri et les carottes avec le thym et le laurier 5 minutes à feu moyen. Remettez ensuite les morceaux de viande. Versez le vin pour déglacer la cocotte et laissez réduire. Ajoutez les tomates pelées et le bouillon de volaille.

4. Salez, couvrez et faites cuire 1 heure 45 environ à feu doux en retournant la viande de temps en temps (ajoutez un peu d'eau si besoin).

5. Pendant ce temps, rincez les citrons et l'orange puis prélevez les zestes. Hachez-les avec le persil. Parsemez ce mélange dans la cocotte 5 minutes avant la fin de la cuisson. Servez bien chaud.

INDEX DES RECETTES

D

E

F

G

J

L

M

O

P